A. DE BAUDOT

VICE-PRÉSIDENT DE LA COMMISSION DES MONUMENTS HISTORIQUES
PROFESSEUR D'HISTOIRE DE L'ARCHITECTURE FRANÇAISE AU TROCADÉRO

L'ARCHITECTURE

LE PASSÉ. — LE PRÉSENT

OUVRAGE ILLUSTRÉ DE 99 GRAVURES
ET D'UN TABLEAU COMPARATIF

HENRI LAURENS, ÉDITEUR
6, RUE DE TOURNON, PARIS

L'ARCHITECTURE

LE PASSÉ. — LE PRÉSENT

A LA MÊME LIBRAIRIE

A. de BAUDOT et A. PERRAULT-DABOT

Archives de la Commission des Monuments historiques

5 vol. grand in-4° avec 500 héliogravures. Prix. 500 fr.
Chaque volume avec 100 héliogravures, se vend séparément. 110 fr.

RÉPARTITION DE L'OUVRAGE

TOME I. Ile-de-France, Picardie. — TOME II. Normandie, Bretagne, Anjou, Poitou. — TOME III. Champagne, Lorraine, Bourgogne, Franche-Comté, Nivernais, Orléanais, Touraine. — TOME IV. Lyonnais, Berry, Bourbonnais, Auvergne, Dauphiné. — TOME V. Périgord, Languedoc, Gascogne, Provence.

Les Cathédrales de France

2 vol. grand in-4" avec 150 héliogravures, notices et table. Prix. . 150 fr.

Sous presse :

Les Monuments historiques. Conservation, *Restauration*, par Paul LÉON, Chef des Services d'Architecture au Sous-Secrétariat des Beaux-Arts. 1 beau volume in-4° avec 250 gravures.

A. de BAUDOT

Vice-président de la Commission des Monuments Historiques,
Professeur d'histoire de l'Architecture française au Trocadéro.

L'ARCHITECTURE

LE PASSÉ. — LE PRÉSENT

*Ouvrage illustré de quatre-vingt-dix-neuf gravures
et d'un tableau comparatif*

Avant-Propos de HENRI CHAINE
Architecte en Chef
des Monuments Historiques.

PARIS

LIBRAIRIE RENOUARD, H. LAURENS, ÉDITEUR

6, RUE DE TOURNON, 6

1916

Tous droits de traduction, d'adaptation et de reproduction
réservés pour tous pays.

Copyright, by Henri Laurens, 1916.

AVANT-PROPOS

Lorsque M. de Baudot commença en 1887, au Palais du Trocadéro, son cours d'histoire de l'Architecture française, il croyait très sincèrement le terminer en une trentaine de leçons qu'il n'aurait plus ensuite qu'à reproduire tous les ans, comme cela se fait dans presque toutes nos écoles.

Mais le Professeur avait beaucoup plus de choses à dire qu'il ne le pensait lui-même.

Il lui était impossible, en effet, de parler de nos monuments français sans exposer en même temps les idées pour lesquelles il a combattu toute sa vie; c'est-à-dire sans chercher à convaincre ses auditeurs de la nécessité d'appliquer à nos conceptions modernes, non les formes, mais les principes auxquels notre architecture du Moyen âge doit toute sa puissance et toute sa beauté.

Et peu à peu, après s'être laissé entraîner à présenter ses sujets d'étude sous des formes toujours nouvelles, il ne tarda pas à franchir les limites mêmes indiquées par le titre de son cours, en ajoutant à l'histoire de l'Architecture française celle des arts connus de tous les peuples et de toutes les époques, depuis l'antiquité égyptienne, jusqu'à nos jours.

Il en résulta ce fait singulier, que le cours du Trocadéro, au lieu de finir et de recommencer régulièrement, comme on s'y attendait, se continua au contraire chaque année, du mois de novembre au mois d'avril, sans qu'aucune des leçons — dont la plupart étaient éclatantes de verve et d'entrain — reproduisît jamais une leçon déjà faite.

On se rappelle qu'au mois de février 1913, les auditeurs, les confrères et les amis de M. de Baudot fêlèrent la vingt-cinquième année de son cours dans un magnifique banquet qui fut présidé par M. L. Bérard, alors sous-secrétaire d'Etat des Beaux-Arts.

Le Maître, qui eut un grand succès, devait à cette époque avoir fait sur l'Histoire et la Théorie de l'Architecture, environ quatre cent cinquante à cinq cents conférences !...

Ses amis le félicitaient chaudement. Toutefois, un assez vif regret se mêlait à leur enthousiasme : celui que tant d'utiles leçons fussent perdues, aussi bien pour les personnes qui n'avaient pu les entendre que pour les autres qui, même avec leurs cahiers de notes, n'en pourraient jamais garder qu'un souvenir vague et stérile.

Mais M. de Baudot avait depuis longtemps son idée. Il se hâta de nous rassurer.

— Ne regrettez rien, nous dit-il. Si mon cours avait pu être publié in extenso, comme vous me le demandiez tous, ce ne serait aujourd'hui qu'un amas confus de documents et de redites dont on aurait bien de la peine à tirer un profit quelconque. Ce n'est pas en vain que j'ai tant de fois retourné sous toutes leurs faces les idées qui seules, j'en suis convaincu, peuvent conduire les architectes à la solution de nos programmes modernes. A force de les discuter, j'ai fini par les voir si simples et si nettes que j'espère pouvoir résumer en un mince volume tout ce que j'ai dit depuis vingt-cinq ans dans mon cours du Trocadéro. Vous verrez ; vous verrez...

A ce moment, la vue et la santé de M. de Baudot commençaient à baisser.

Eut-il quelque fâcheux pressentiment ? Je ne sais. Toujours est-il qu'il mit aussitôt son projet à exécution et, au mois de juillet 1914, le livre dont il nous avait parlé était prêt à paraître lorsque la guerre éclata.

Je voyais alors fréquemment M. de Baudot, dont j'étais un des plus vieux amis, et certainement le plus ancien élève. Les événements terribles du mois d'août l'avaient singulièrement abattu. Il me déclara qu'il attendrait la fin de la guerre pour publier son travail.

Hélas !.. sept mois après, le 28 février 1915, il rendait le dernier soupir.

. . . .

Chargé par ses enfants, après son décès, de m'occuper de ses affaires professionnelles, j'ai cru devoir d'abord, comme il l'avait pensé lui-même, retarder la publication de son livre jusqu'à la cessation des hostilités.

Des considérations particulières, sans intérêt pour le lecteur, m'ayant obligé à revenir sur cette décision, c'est avec un profond sentiment de reconnaissance que je viens aujourd'hui présenter au public, à ses confrères, à ses amis, l'œuvre de mon cher et regretté maître.

Ce n'est pas seulement, comme il nous l'a dit un jour, un résumé, mais une condensation extraordinairement puissante de toutes ses conférences du Trocadéro.

De même que le Dictionnaire de Viollet-le-Duc, dont il est le complément nécessaire et définitif, l'ouvrage de M. de Baudot convient à tous et principalement à ceux de nos confrères qui, comme professeurs ou patrons, ont des jeunes gens à diriger.

Il est à souhaiter que ceux-là le lisent et le relisent ; qu'ils le méditent et cherchent sans cesse à appliquer les principes que nous donne le

Maître ; car ce livre est même plus que la condensation d'un cours, il est le fruit du travail et des efforts immenses qu'a pu faire, jusqu'à l'âge de quatre-vingts ans, un homme profondément convaincu et qui n'a jamais eu en vue que l'intérêt général et la grandeur de notre art.

Paris, 31 mai 1916.

H. CHAINE.

L'ARCHITECTURE
LE PASSÉ — LE PRÉSENT

INTRODUCTION

A l'heure actuelle, dans le public autant que dans les milieux professionnels, les avis sont très partagés sur la question de savoir si l'architecture, telle qu'elle est comprise et pratiquée aujourd'hui, répond aux exigences matérielles, ainsi qu'aux aspirations esthétiques modernes.

Sans trancher cette question avant de l'avoir examinée à fond, on peut affirmer cependant qu'en toute évidence, cet art est, à l'époque présente, en complet désaccord avec l'esprit scientifique qui domine tout aujourd'hui et devrait nous amener à rechercher des solutions franches et nettes pour les problèmes nouveaux.

Ce qui est certain, c'est que les plus importantes manifestations de l'architecture n'obéissent plus à aucune méthode raisonnée. On introduit maintenant dans les bâtiments des matériaux nouveaux, tels que le fer et le ciment armé; le chauffage à vapeur, l'électricité, l'eau et le gaz, c'est-à-dire des éléments jadis inconnus ou inusités. Dès lors, la disposition générale des édifices, ainsi que leurs expressions, devraient se transformer, si l'on veut arriver jamais à résoudre véritablement les problèmes posés à l'architecture contemporaine.

Or, nous sommes bien éloignés d'un tel progrès, entravés par une routine hostile à toute esthétique nouvelle, même appropriée. Dans la conception des édifices publics, des habitations communes ou privées et aussi dans celle du mobilier, les professionnels, d'accord avec leur clientèle, s'attardent dans l'imitation de tout ce que le passé nous a légué, de ce qu'a vulgarisé la photographie ; ils appliquent des formes, choisies sans discernement et sans préoccupation de leur provenance, à des dispositions ainsi qu'à des matériaux avec lesquels elles sont en pleine contradiction. C'est le règne de l'illogisme et de l'inconséquence.

L'architecte utilise, sans doute, tout ce que la science et l'industrie apportent de nouveau, mais il le fait après coup, sans en avoir tenu compte dans la conception première, dans l'étude des plans et des moyens de construction ; tout alors s'exécute sans direction réelle, et sans unité de travail. Aussi l'architecture s'exerce-t-elle dans une incohérence inutilement coûteuse, sans profit pour l'art et sans aucun ordre.

Ce qui complique encore davantage cet état de chose, c'est la préoccupation qui, sans être générale, est cependant très répandue, de voir se créer *un style* nouveau, caractérisant l'époque actuelle. Ce désir assurément est légitime, mais, actuellement il est bien peu fondé, et en tout cas singulièrement réalisé par l'absence totale des principes, par l'emploi dissimulé des matériaux et des procédés nouveaux, — tels que le fer et le ciment armé, qu'on cache honteusement, sous prétexte qu'ils ne sont pas d'aspect esthétique. Pour qu'un art nouveau se manifeste, il est deux conditions essentielles à sa création : un régime social nouveau et surtout des moyens d'action correspondant aux exigences spéciales de ce régime. Mais ces influences ne peuvent agir sur l'architecte que s'il en tire logiquement et sincèrement parti.

Nous possédons bien ces éléments de rénovation, mais sans chercher à profiter des avantages qu'ils offrent en faveur de la conception et de la composition. Nous sommes aveuglés, d'un côté, par le prestige des formes anciennes, et de l'autre, par la vaniteuse et puérile prétention de créer de nouvelles formes, sans autre direction que la fantaisie.

Ce n'est pas un style nouveau dont la société actuelle a besoin; ce qu'il lui faut ce sont des solutions techniques et pratiques qu'on réclame de toutes parts, sans en formuler peut-être nettement la nature, mais dont la nécessité impérieuse s'impose à qui prend la peine d'observer et de méditer. L'important c'est d'assurer, avant tout, ces résultats; les satisfactions rêvées de l'esthétique en seront la conséquence. Procéder inversement est une erreur fatale. L'art n'est pas un point de départ et il n'intervient qu'en raison du savoir, de la logique, du goût et de la mesure que le chercheur a apportés dans la conception et la réalisation de son œuvre.

N'avons-nous pas d'ailleurs un exemple des plus intéressants et des plus utiles à suivre dans les expressions nouvelles des véhicules terrestres et marins actuels? Leur a-t-on donné les formes de la carrosserie ou de l'architecture navale du temps de Louis XIV ? Nullement; les combinaisons et les apparences ont été déduites des données scientifiques et industrielles et ces abris roulants sur le sol terrestre ou flottants sur l'eau donnent toutes satisfactions. Pour quelles raisons les abris fixes que sont les bâtiments sont-ils soumis à un régime de composition différent?

Pourquoi l'esprit de routine, de copie et de fantaisie se perpétue-t-il dans tout ce qui se rattache à l'architecture des bâtiments et du mobilier, alors qu'il a disparu dans d'autres milieux producteurs, cependant analogues ? La question vaut la peine d'être approfondie, car elle n'est pas seulement d'ordre artistique, mais avant tout technique, hygiénique, économique, liée qu'elle est à la santé, à la sécurité et à la bonne gestion de la fortune publique et privée.

La Renaissance et surtout les époques qui l'ont suivie ont pu donner aux œuvres un caractère artistique ne reposant que sur l'imitation ou l'interprétation plus ou moins justifiée du passé, parce qu'elles ont fait bon marché de toutes les exigences qui sont capitales à l'heure présente. Notre cas est donc complètement différent; aussi ne comptons pas sur le secours factice que nous apportent ces périodes et ne suivons pas leurs errements. Prétendre résoudre le problème de l'architecture moderne, en construisant comme du temps de Louis XVI et en s'inspirant du caractère monumental déraisonnable de cette époque pour concevoir et décorer nos édifices et nos meubles est une ridicule et fatale erreur, car il est impossible de tirer de ces exemples quoi que ce soit d'utile et de stimulant dans leur application aux programmes actuels.

La voie d'imitation nous est fermée aujourd'hui et celle d'un modern style sans fondements ne doit pas être ouverte.

Un effort nouveau est donc nécessaire, mais pour le faire naître, il faut instruire les clients et les professionnels futurs dans un même ordre d'idées, susceptible de donner une direction qu'il n'est possible de puiser que dans l'étude raisonnée et analytique du passé, ainsi que dans l'examen consciencieux et éclairé des conditions auxquelles l'architecte contemporain doit se soumettre, tout en utilisant les ressources fécondes et stimulantes dont il dispose désormais.

A cet égard le public, il le reconnaît lui-même, est très ignorant, par suite d'une lacune inexplicable et injustifiable dans l'enseignement général où il n'est jamais question d'un art aussi utile qu'est l'architecture. Quant aux professionnels, ils sont indifférents, ou débordés par la nécessité de produire avec la rapidité dévorante qui est actuellement à l'ordre du jour et qui, sans leur laisser le temps de méditer, les oblige à travailler isolément, sans discipline et sans communauté de vues.

Dans un tel état de choses, l'architecte subit fatalement les spécialités au lieu de les diriger, et c'est ainsi qu'il tend à perdre chaque jour davantage son autorité et son prestige.

En publiant ce nouveau livre, je n'ai pas la prétention de combler les lacunes de l'enseignement général et de l'éducation professionnelle ; mon but est de les signaler, de les commenter pour en tirer les conséquences qu'elles comportent. Je ne prétends pas davantage redresser les erreurs constatées dans l'exercice de la profession, mais apporter une série d'observations, et de renseignements de nature à ouvrir les yeux des intéressés sur une situation bien dangereuse, si elle se prolonge, dans le vaste domaine de l'architecture. Cet art utile, créateur et éducateur (même en dehors de sa technique), ne possède ces qualités que s'il est exercé avec le respect des contingences qui l'entourent ; autrement il est banal et ruineux, en attendant qu'il disparaisse complètement.

On a beaucoup écrit sur l'histoire de l'architecture, mais il manque en général à ces études, dont certaines sont remarquables à plus d'un titre, l'esprit d'analyse et de critique qui conduit à la comparaison des diverses époques entre elles et particulièrement avec l'époque contemporaine qui, de ce fait, ne profite pas de l'expérience acquise. En outre on y trouve une abondance de documents fort utiles à l'historien, mais qui trouble et rebute le lecteur non préparé, au lieu de diriger sa pensée et ses recherches.

Aussi dans le présent volume ai-je réduit intentionnellement au minimum le nombre des exemples, me bornant à présenter ceux nécessaires au développement de ma thèse et permettant de distinguer, entre les diverses périodes de l'art, celles qui ont été créatrices de celles qui ont été alimentées uniquement par l'imitation. Les premières seules nous sont utiles, les autres nous détournent du vrai chemin dans lequel il faut nous engager. La vérité à cet égard saute aux yeux de quiconque prend la peine d'observer sans parti-pris.

En tout cas j'espère mettre ici en pleine lumière la puissance de la doctrine rationaliste dont Viollet-le-Duc a démontré l'application constante dans l'antiquité et le moyen âge. En revenant aux méthodes de composition faites avec le bon sens, la logique et la sincérité, nous pourrons lutter contre la routine et l'entraînement irréfléchi qui arrêtent tout développement dans le sens moderne.

J'ajouterai qu'ainsi clients et professionnels arriveront aussi à se faire une idée de l'architecture, autre que celle imprécise et superficielle qui est à l'ordre du jour.

Cet art n'est pas uniquement celui de bâtir et de décorer les édifices suivant la définition incomplète, inexacte et insuffisante des dictionnaires. Cette définition est incomplète en ce sens qu'elle limite aux bâtiments le domaine de l'architecture, tandis que celui-ci, bien plus vaste, s'étend à toutes les œuvres créées par l'homme, suivant des programmes déterminés, et réalisés par la matière, quelle qu'elle soit. Les objets mobiliers et les ustensiles utiles à la vie font partie de l'architecture, car ils sont conçus et exécutés suivant une même méthode que les palais et les habitations. Aussi est-il singulier de les ranger à part, sous l'épithète d'arts décoratifs et d'établir ainsi une scission entre ceux qui, en somme, ont un but commun et qui n'ont pas dès lors le bénéfice d'une concentration de leurs efforts, à laquelle est dû cependant tout ce que nous admirons dans le passé.

D'autre part la définition en question ne donne aucune idée du rôle de la conception dans la composition des œuvres d'architecture, ni du mécanisme intellectuel qu'elle exige; il semblerait que tout y est dû à des accumulations de matériaux qu'il s'agit, indépendamment de la structure, de revêtir d'ornements décoratifs. C'est bien ainsi, il est vrai, que presque généralement depuis trois siècles, on procède, mais il n'en a pas toujours été de même. En revenant au rationalisme, nous devons devenir créateurs à notre tour. L'évolution et la transformation peuvent-elles se produire uniquement sous l'action du raisonnement et de la science ? Peut-être, s'il est possible d'oublier dans le passé la tradition des formes pour n'y voir que celle des principes.

Si une doctrine aussi rigoureuse ne peut être appliquée, dans la pratique, étant donné le manque actuel de direction, elle devrait tout au moins l'être dans l'enseignement, où il faudrait à tout prix renoncer à éduquer les jeunes dans la routine du plagiat, les mettre résolument en face des nécessités présentes, ainsi que des difficultés qui les attendent, et leur fournir, pour les aborder, les armes nécessaires. Elevés à l'école de la raison, ils sauraient plus tard discerner et éviter les écueils vers lesquels ils sont actuellement poussés, faute d'une direction précise et sûre.

Quoi qu'il en soit, de quelque façon qu'on s'y prenne, la connaissance sérieuse et éclairée du passé est indispensable. C'est pour aider, dans ma modeste part, à cette vulgarisation analytique que je lui ai consacré la première partie de cet ouvrage qui n'est ni une histoire de l'architecture, ni un cours de construction, mais une étude raisonnée et comparative, basée sur tous les éléments nécessaires, — permettant, je l'espère, même aux non professionnels de se rendre compte de ce qu'a été l'architecture depuis l'antiquité jusqu'à nos jours.

La seconde partie est consacrée au dix-neuvième siècle et au commencement du vingtième siècle, envisagés dans leurs édifices, dans leurs exigences et leurs ressources nouvelles, enfin au point de vue didactique et technique.

Peut-être m'accusera-t-on d'être pessimiste. Tel n'est pas cependant mon sentiment. On se tromperait, en tout cas, si on voyait dans ce travail une pensée qui ne soit pas le résultat d'une conviction faite de longue date, partagée par les nombreux partisans de réformes, réclamées depuis longtemps, dont ils attendent la réalisation avec une patience et une confiance que soutiennent des convictions inébranlables et l'espoir en un avenir meilleur pour l'art.

De quelle nature sont ces réformes, quelle influence doivent-elles avoir sur l'évolution qui s'impose aujourd'hui; de qui dépend leur réalisation et pourquoi ce sujet est-il une cause de division entre les architectes ? Telles sont les questions que, sans parti pris et uniquement en vue d'un intérêt général (social et professionnel), j'examine dans la seconde partie de ce livre, consacrée à l'époque contemporaine.

PREMIÈRE PARTIE

LE PASSÉ

I

CONSIDÉRATIONS PRÉLIMINAIRES

Avant d'entreprendre l'examen méthodique et analytique des œuvres du passé, il importe d'indiquer dans quel sens et dans quel ordre d'idées il paraît nécessaire de procéder.

Pour quiconque s'intéresse à l'architecture, et veut se rendre compte du rôle qu'a rempli jadis cet art, l'histoire et l'archéologie sont d'un grand secours quant aux origines, aux conditions sociales, ainsi qu'à l'égard des mœurs, des climats et des matériaux, mais il est un point qui est toujours tenu dans l'ombre et qui est cependant capital. On nous laisse ignorer comment sont nées les dispositions, les ordonnances et les formes de l'architecture, à quelle méthode de composition elles sont dues. On constate bien, dans cette vulgarisation historique et scientifique, que tout ce qu'a créé l'homme en architecture provient de l'antiquité et du moyen âge, véritables époques créatrices et qu'à un moment donné — que l'histoire fixe à la Renaissance, — sous le vain prétexte de rénovation, — l'architecture est devenue au contraire un art d'imitation pour l'exercice duquel furent exploitées, sans principes et sans logique, les expressions esthétiques nées antérieurement. Mais historiens et archéologues semblent accepter cette infériorité, comme si désormais il n'y avait plus lieu de raisonner et d'inventer en architecture. Tant que les sociétés nouvelles furent dominées par la monarchie, cette façon de concevoir le rôle de l'architecture s'explique historiquement, mais le jour où la puissance démocratique s'affirma, notamment en France, à la suite de la Révolution, il est évident que l'art devait se mettre, petit à petit, au service de conditions et d'exigences nouvelles qu'il lui était impossible de satisfaire par la copie du passé. D'ailleurs d'autres considérations inhérentes au progrès scientifique et industriel sont venues contribuer singulièrement à entraîner l'art vers des horizons nouveaux.

Aussi dans l'étude méthodique et comparative des œuvres de nos devanciers, il importe de ne jamais perdre de vue la nécessité de donner satisfaction aux intérêts présents. Au contact des manifestations de la beauté, partout où elle s'affirme, formons notre goût, mais apprenons surtout à raisonner, en profitant de l'exemple donné uniquement par certaines périodes magistrales, sans nous arrêter à de vaines et puériles préoccupations d'une esthétique spéciale qui a fait son temps; efforçons-nous de saisir, là où elle se révèle, la véritable méthode à suivre dans l'utilisation judicieuse de la matière au point de vue des formes et tâchons de profiter d'une richesse, dans les moyens d'action, que n'ont pas connue nos devanciers, qui cependant nous dominent de si haut, de toute leur supériorité. La transformation de l'art dans le sens moderne est à ce prix.

C'est donc uniquement en vue des principes que nous trouvons dans le passé que je me place pour l'examen historique qui va suivre ; aussi je n'entrerai à leur sujet que dans les détails absolument indispensables, pour en tirer, sans aucun souci d'imitation, l'enseignement que nous offrent ces magistrales manifestations de l'architecture.

Ce qu'il faut surtout envisager dans les œuvres du passé c'est, d'une part, l'organisme des éléments de structure qui détermine les dispositions générales et les proportions des édifices ; d'autre part, les formes de détails et de décoration. A ce propos j'observe que souvent on se sert indifféremment des adjectifs architectonique et architectural. Ces deux mots ont cependant une signification bien différente. L'œuvre est architectonique dans sa structure et elle ne devient architecturale que lorsqu'elle est complétée par les formes et la décoration.

Si j'insiste sur ce point, c'est que cette distinction est un des moyens les plus sûrs d'analyse et d'étude, pour arriver à saisir l'origine des formes, ainsi que les méthodes de composition dont la connaissance est indispensable pour qui veut comprendre ce qu'est l'art dans la construction, c'est-à-dire l'Architecture elle-même.

II

L'ARCHITECTURE EN ÉGYPTE, EN CHALDÉE ET EN PERSE

Afin de saisir comment l'art s'est introduit dans le domaine de la construction, c'est vers les premières civilisations de l'Égypte et de l'Asie qu'il faut diriger nos vues.

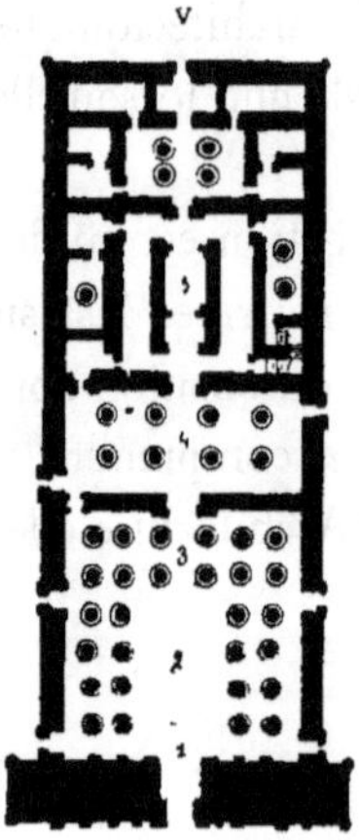

Les Égyptiens avaient à leur disposition la pierre et l'argile : les calcaires et le granit pour les temples et les tombeaux, la matière argileuse réservée aux habitations. Ces dernières offrent assurément un intérêt de curiosité, mais c'est dans la réalisation des temples qu'il faut chercher la méthode de composition qui a guidé ces premiers constructeurs, dont le sentiment artistique a atteint une si haute et si impressionnante puissance.

Fig. 1. — Plan d'un temple égyptien.

Résumons tout d'abord (voir fig. 1) la composition générale des temples, dont l'étendue et certains caractères de détails ont varié suivant les dynasties, mais qui ont tous obéi à un même programme. Ces édifices se composent de trois parties : une première cour entourée de portiques, destinée à la foule et dans laquelle on pénètre par une seule porte, flanquée de deux pylones; à la suite une grande salle réservée aux initiés; enfin le sanctuaire, où séjourne l'Idole et où nul ne peut pénétrer. L'en-

Fig. 2. — Perspective d'une galerie de temple égyptien.

semble est fermé par un mur continu qui n'est percé d'aucune ouverture. Ces trois parties distinctes sont closes, dans leur partie supérieure, par des plafonds formés de dalles de granit que soutiennent des points d'appui verticaux, grâce à l'intermédiaire de plates-bandes ou architraves dont la disposition correspond aux dimensions des dalles qui sont parfois très étendues (voir fig. 2). L'éclairage et l'aération de l'intérieur des temples sont obtenus par des ouvertures établies sur certains points, grâce à la surélévation du plafond. Les points d'appui correspondants devenant plus hauts sont logiquement augmentés dans leur section horizontale. Rien de plus simple qu'un tel système de construction et cependant rien de plus caractéristique de plus monumental qu'une telle combinaison dont l'effet est dû, avant tout, à la franchise des moyens employés et à la répétition des ordonnances. Ici, tout point d'appui a son utilité ; il en est de même de chaque élément horizontal. Aussi quand par la pensée on se reporte à tant d'édifices beaucoup moins anciens et qu'on y constate une profusion de colonnes et de pilastres inutiles qui ne sont là que pour l'aspect, on est pris d'un certain découragement à observer combien, dans une société affinée, les artistes deviennent étrangers, dans leurs ambitions, à tout esprit de bon sens et de logique.

On objectera peut-être, pour justifier l'incohérence et l'inconséquence des édifices modernes, que la façon de procéder dans les premiers temps de l'architecture résultait de la simplicité des programmes, et qu'elle n'est pas applicable à des problèmes plus étendus. Ce serait une erreur que rectifient amplement certaines époques intermédiaires qui, dans les solutions les plus complexes, ont su servir et appliquer les principes les plus rigoureux, comme nous le verrons par la suite. Ce qui a pu faciliter la simplicité et en même temps la beauté expressive de l'œuvre égyptienne, c'est l'unité de structure suivant laquelle tout y est exécuté. Pour des raisons diverses qu'il convient d'envisager et qui s'expliquent plus ou moins, des matières de nature différente ont été introduites dans les édifices modernes ; mais il est toujours temps d'abandonner ces pratiques et de revenir au principe d'unité qui peut être adopté si utilement à l'époque présente, sinon avec la pierre, du moins avec les nouveaux matériaux dont l'emploi s'impose d'ailleurs désormais, qu'on le veuille ou non.

Mais revenons à la méthode de composition des Egyptiens; elle correspond à deux opérations qui sont pratiquées simultanément, dont l'une est architectonique, l'autre architecturale. La première détermine les dispositions constitutives de la structure, ses ordonnances verticales et horizontales, ainsi que la force des éléments de construction; l'autre fixe les formes en raison de la nature de la matière et des ressources que celle-ci offre à l'ouvrier qui sait la travailler. C'est ainsi que s'établit la concordance entre la structure et la forme et qu'est satisfait ce principe capital de sincérité, sans lequel l'œuvre perd son véritable caractère d'architecture, pour ne plus être fatalement qu'une œuvre décorative, susceptible de charmer les yeux, mais incapable de procurer l'émotion et d'éviter le double emploi de matériaux. Au sujet de cette méthode à laquelle il conviendrait tant de revenir, se pose une question d'une singulière importance; c'est celle des proportions. A cet égard, d'observations et de constatations nombreuses, il résulte que l'Égyptien avait recours, soit aux rapports arithmétiques des nombres, soit à des combinaisons géométriques de triangles pour proportionner les ensembles. Procédait-il de même pour arrêter les formes de détails? Ce point n'est pas élucidé, en tout cas il ne semble pas que l'Égyptien ait obéi à un système modulaire analogue à celui que nous trouverons chez le Grec. Quoi qu'il en soit, il n'apparaît pas que cette question particulière soit d'un intérêt absolu pour l'architecte moderne, car dans les problèmes complexes qu'il a à résoudre, les moyens employés dans des édifices aussi simples que les temples ne pourraient être de grande utilité. Lorsque la nature des matériaux et les dimensions générales des édifices se modifient, il paraît en effet impossible d'appliquer un système de proportions adopté pour des conditions entièrement différentes.

L'enseignement que nous pouvons demander à l'architecture égyptienne est donc limité à l'observation attentive de la méthode de composition, mais sous ce rapport il est d'importance capitale. Ce qui éloigne surtout à notre époque les esprits de cette primitive et cependant si instructive période, c'est le caractère hiératique auquel elle a obéi et qui est en contradiction absolue avec le sentiment d'individualité qui domine chez nous, où chacun prétend créer en toute liberté l'œuvre d'art. La volonté supérieure qui s'imposait sous une forme hiératique à l'artiste égyptien, durant une longue période de siècles, n'a aucun rapport cependant avec la méthode de composition indiquée ci-dessus; cette méthode devrait toujours guider le chercheur dans toute œuvre d'architecture, quel que soit d'ailleurs le sentiment ou l'ordre d'idées qui le guide, car elle est fondée sur le sens droit et la raison. D'ailleurs, par la suite, comme nous le verrons jusqu'à la Renaissance, sauf dans une certaine mesure chez les Romains, cette façon de composer a toujours été adoptée et c'est son application qui a le plus contribué à rendre créatrices les grandes périodes de l'art.

L'influence de l'Égypte a du reste singulièrement rayonné et elle n'est pas douteuse dans la conception des temples grecs, où s'affirment également la logique et la sincérité d'expression.

On trouve, à cet égard, dans le petit temple égyptien d'Éléphantine, élevé sous la 18ᵉ dynastie, une preuve qui a son intérêt, car on y constate le principe de la cella entourée de portiques (voir fig. 3 et 4) et la combinaison dont le style grec a tiré de si heureuses conséquences.

L'art égyptien, indépendamment de la façon remarquable dont il a indiqué les véritables et fondamentales bases de la composition, résumées dans la concordance de la structure et de la forme, nous offre aussi d'utiles indications sur le mode décoratif qu'il a constamment appliqué avec une pensée dirigeante, sans aboutir à une monotonie aussi absolue qu'on le croit généralement.

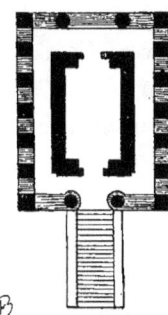

Fig. 3.
Plan du temple d'Eléphantine.

Dans les formes appliquées aux éléments de la construction et dans la sculpture, il a montré une singulière puissance d'interprétation de la nature, pour en styliser les éléments; de même dans l'emploi de la couleur, il a su admirablement tenir compte du contraste que présente la lumière si vive de l'extérieur avec l'obscurité calme de l'intérieur des temples. Le dessin, par intailles faites dans l'enduit qui recouvre la pierre, est souvent très beau. Ce genre de décoration indique un procédé ouvrant des horizons toujours nouveaux. Peut-être est-il destiné à nous être utile dans nos constructions modernes, lorsque nous sommes amenés à renoncer aux ressources de la mouluration que donne la pierre, dont l'emploi tendra de plus en plus à se restreindre : par raison d'économie, et aussi parce que son usage ne se prête pas à la bonne installation des services nouveaux, réclamés dans la plupart de nos bâtiments.

Dans la Chaldée et l'Assyrie qui ne possédaient presque uniquement que de l'argile, nous voyons, comme en Égypte, l'architecture prendre naissance et se développer méthodiquement, mais suivant des expressions différentes qui sont la conséquence de la diversité des programmes et des matériaux. Ce ne sont plus des temples, mais des palais immenses et riches qui s'y élèvent. Ce n'est plus le plafond de pierre qui domine la conception, mais la voûte surmontée de terrasses. Les extérieurs sont mouvementés, en raison des dispositions intérieures, et percés de fenêtres seulement dans les parties supérieures. Les murs, faits d'argile comme les voûtes, ne présentent que des parois dépourvues de toute mouluration, de toute saillie ; la pierre est rare et figure seulement dans les soubassements, sous forme de revêtements et parfois de dalles sculptées.

Dans la construction des voûtes qui sont en berceau, ou parfois en forme de dômes, la brique séchée au soleil et celle durcie au feu sont employées très habilement sans le secours de cintres.

La décoration est fournie à l'intérieur par des dalles de pierre ou d'albâtre ornées de bas-reliefs et formant lambris dans les parties basses des murs ; souvent les enduits colorés couvrent les surfaces limitées par des bordures de poterie émaillée et dont les tons se limitaient au bleu, au blanc, au noir et au jaune.

Il n'est pas nécessaire, en raison du but poursuivi ici, de développer davantage les indications relatives à cette époque chaldéenne et assyrienne ; il suffit d'y constater, comme en Égypte, l'influence de l'emploi judicieux de la matière qui est à la base du problème architectural.

Si nous n'y trouvons pas de constructions à grande portée et

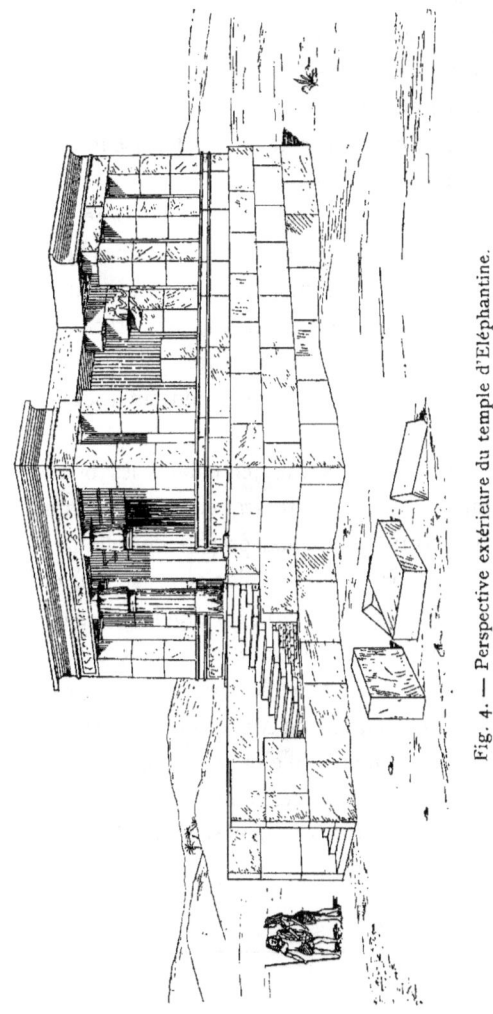

Fig. 4. — Perspective extérieure du temple d'Éléphantine.

n'y puisons qu'un enseignement limité, il n'en est pas de même en Perse où le même mode de bâtir se développe dans des conditions bien autrement importantes ; la voûte en coupole sur pendentifs y apparaît alors dans de larges espaces, pour couvrir les plans, de forme carrée à la base. Ces ouvrages sont exécutés par les Perses comme par leurs prédécesseurs chaldéens, en briques, mais alors généralement très durcies par le feu.

Dans ces palais, indépendamment des ornements sculptés qui encadraient les baies et affirmaient certaines lignes, la brique employée en parements comportait une ornementation colorée due à l'émail, dont on peut avoir une idée précise au musée du Louvre, grâce aux spécimens rapportés par M. et Mme Dieulafoy ; à ce sujet il y a lieu de signaler un fait tout récent qui a son importance.

D'après un céramiste savant et habile, les briques en question ne seraient pas de nature argileuse, mais seraient dues à l'emploi d'un mortier de chaux, préparé de telle façon qu'il pût être cuit et donner une matière solide et résistante, analogue à un produit céramique. M. C. Bigot, à l'appui de ses expériences, a reconstitué la matière dont il s'agit et exécuté des reproductions du Taureau ailé et de la frise des Archers, qui proviennent du palais de Darius et figurent au Musée du Louvre.

Ce résultat est remarquable et peut avoir, s'il est appliqué à des conceptions nouvelles, des conséquences très heureuses et fort utiles à la décoration des matériaux agglomérés qui tend à se développer aujourd'hui.

III

L'ARCHITECTURE GRECQUE

Pour faire comprendre l'idée dominante de la conception grecque dans le domaine de l'architecture, il suffit également d'étudier la composition et la construction des temples, qui, sauf de rares exceptions, diffèrent essentiellement de ceux de l'Égypte, tant dans les dispositions intérieures que dans celles extérieures. L'édifice religieux égyptien est fermé extérieurement par des murs sans ouvertures qui lui donnent un caractère sévère et mystérieux. Il en est de même en ce qui concerne le temple grec proprement dit (voir fig. 5), mais ses murs pleins sont entourés de portiques qui modifient singulièrement cet aspect d'austérité voulu, et si fortement affirmé en Égypte. Cette disposition extérieure du temple grec correspond à une nécessité de circulation, mais dans bien des cas, lorsque les portiques sont étroits, elle ne répond qu'à une préoccupation d'effet décoratif, qui souligne l'importance de la cella constituant le temple lui-même. Intérieurement les dispositions varient en raison de la largeur de l'édifice; si celle-ci est restreinte, aucun point d'appui intermédiaire n'existe à l'intérieur; si elle s'agrandit, la cella est alors divisée en trois nefs, séparées par des colonnes destinées à porter la couverture. Celle-ci dans certains cas recouvre le tout; dans d'autres elle est interrompue et laisse à ciel ouvert la partie renfermant l'idole. C'est qu'il ne s'agit plus ici de plafonds en pierre, mais d'une toiture reposant sur un

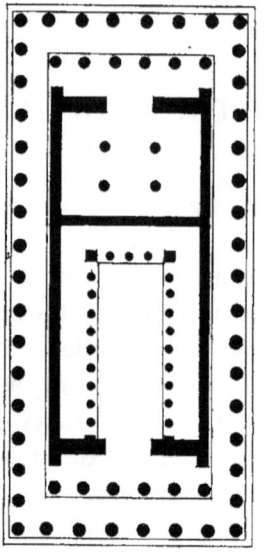

Fig. 5. — Plan du Parthénon.

système de charpente de bois dont les portées doivent être soulagées dans leur sens transversal. Ces combinaisons intérieures sont assurées, soit par des points d'appui montant de fond, soit par deux étages superposés dans les nefs latérales (voir fig. 6 une coupe schématique indiquant cette disposition).

Le temple grec nous met donc en présence non plus d'un procédé d'unité de structure, mais d'une combinaison d'éléments de pierre et de bois qui n'eût pu être évitée que par l'emploi de la voûte. Celle-ci n'était pas ignorée du grec, mais elle ne répondait pas au principe de n'affirmer que des lignes horizontales et verticales, où l'on cherchait l'harmonie et les pures proportions. C'est ainsi en effet que furent créés les trois ordres dorique,

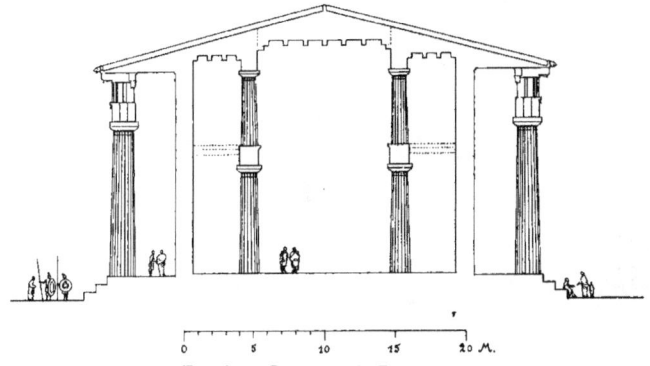

Fig. 6. — Coupe sur le Parthénon.

ionique et corinthien, dont les éléments plastiques sont très différents, mais aboutissent tous trois à la beauté architecturale, sévère chez le Dorien, plus raffinée dans l'Ionique et développant l'élégance dans le Corinthien.

En résumé, dans le temple grec, ce sont les ordres qui ont été l'objectif principal et c'est surtout dans l'architecture des portiques que leur emploi se justifie pleinement. Aussi est-ce sur ce point que doit porter l'examen que provoquent ces admirables solutions. Ce qu'il faut y voir et constater surtout, c'est la combinaison logique des éléments verticaux et horizontaux, c'est-à-dire la façon claire et sincère dont les colonnes reçoivent les plates-bandes qui sont d'une seule pièce, supportent l'entablement composé de la frise et de la corniche, sur laquelle s'appuient le comble et la toiture. Rien n'est plus simple et cependant rien n'est plus beau et plus expressif qu'une telle disposition. A quel secret doit-elle ces qualités, si ce n'est tout d'abord à la franchise du moyen employé? Remplacez ces linteaux d'un seul morceau par des plates-bandes appareillées, comme l'ont fait tant de fois les imitateurs inconscients des

Fig. 7. — Parthénon.
(Face principale).

Grecs, et vous détruirez l'œuvre dans ce qu'elle a de vraiment beau et de saisissant (voir fig. 7 et 8).

On a beaucoup écrit et discuté sur les origines de l'entablement et sur l'importance exagérée, inutile à la construction, qui lui a été donnée. En ce qui concerne l'origine attribuée à une interprétation en pierre des premiers temples en bois, antérieurs au vi[e] siècle avant notre ère, c'est là une opinion qui n'est sûrement pas justifiée; quant à la hauteur inutile de l'entablement, l'observation est exacte, mais cette hauteur s'explique. Il est certain que dans les temples primitifs en pierre, l'architrave porte directement la corniche et le plafond sans frise intermédiaire. Pour quelle raison à Pestum et au Parthénon, — et d'ail-

Fig. 8. — Le Parthénon.
(Perspective extérieure).

leurs dans l'ionique et le corinthien comme dans le dorique, — la frise intervient-elle? Y a-t-il là une préoccupation de structure eu égard au plafond? C'est possible, mais on serait plus porté à croire qu'il s'agit ici d'une question de proportion résultant d'un système modulaire et rythmique, d'après lequel la hauteur totale du portique se trouvait déterminée par l'étendue du temple. Si l'entablement complet n'eût pas existé tel qu'il est, il fût devenu indispensable de donner plus de hauteur aux colonnes et d'en augmenter le diamètre. Mais alors leur importance, eu égard à la charge réduite résultant de la suppression de la frise, n'était plus justifiée. Il fallait donc mettre tout en harmonie : la hauteur de l'entablement s'imposait pour la satisfaction des proportions de l'ensemble. En procédant ainsi le Grec a-t-il été illogique et a-t-il donné un mauvais exemple ? Je ne le pense pas, étant observé que son but se limitait à la recherche de la beauté dans une composition dont le caractère d'utilité n'avait rien d'absolu. On ne saurait en effet admettre qu'en pareil cas, la quantité de la matière employée soit ramenée à une formule mathématique d'économie. Dans les édifices qui ont suivi ceux de la Grèce et qui sont de nature, de dimensions et de programmes si différents, on ne saurait sans danger admettre une augmentation superflue de matière qui pourrait entraîner bien loin, mais ici elle est fort admissible. En tout cas, cette observation a quelque valeur aujourd'hui, et c'est là une raison de plus de ne pas imiter et reproduire des dispositions adéquates au temple grec, mais qui ne le seraient nullement aux constructions modernes, dont le caractère d'utilité et les solutions économiques s'imposent rigoureusement.

Ne voyons donc dans le temple grec qu'une admirable expression d'harmonie et de beauté, et au lieu d'en détacher les éléments décoratifs pour les appliquer sans raison et à tout propos, comprenons qu'ainsi envisagé ce chef-d'œuvre doit être respecté et ne pas donner lieu à une exploitation qui n'aboutit qu'à l'abâtardissement. En tout cas cette source, dans le système déplorable de l'imitation, est aujourd'hui tarie pour nous, qui ne pouvons qu'en faire des copies banales, gênantes et si inutilement coûteuses.

Contentons-nous donc d'admirer et de méditer ce que cette grande époque de l'antique Grèce nous enseigne. Mais pour être bien fixé à ce sujet, il importe de comparer ses temples à d'autres édifices romains, byzantins et gothiques et de constater que le temple grec n'est, par rapport à ces vastes monuments, en ses dimensions, qu'une sorte d'édicule, au sujet duquel ne s'est posé aucun problème difficile de construction et de distribution et qu'il n'offre, de ce fait, aucune indication utile dans le sens de la conception moderne.

IV

L'ARCHITECTURE ROMAINE

A chacune des deux grandes périodes de l'époque romaine correspond une architecture d'un caractère particulier, qui résulte d'ordres d'idées différents, d'influences diverses et surtout de l'emploi de matériaux qui ne sont pas les mêmes.

Dans la période républicaine une double influence se manifeste, celle de l'Étrurie et de la Grèce dont l'architecte romain ne copie alors ni les moyens de construction, ni l'art décoratif, mais dont il s'inspire pour créer, en définitive, des monuments d'un caractère national, réalisés à l'aide de la pierre. Il emploie cette matière pour les murs et les voûtes en berceau ou d'arête, se sert du mode d'appareil logiquement et avec un souci d'économie, fort instructif, qu'on retrouve au moyen âge. Dans les temples élevés au premier âge romain, les ordres grecs sont franchement adoptés avec toutes leurs conséquences, leur structure et leur caractère décoratif, mais pour d'autres édifices, la platebande est abandonnée et remplacée franchement par l'arc, avec une sobre mouluration rappelant la beauté des détails grecs. A cet égard, la porte de Pérouse (voir fig. 9) est un exemple frappant de l'originalité de cette période; la beauté en est simple et sévère, tandis que dans certains édicules et notamment dans les tombeaux, la richesse s'affirme avec un sentiment particulier de la décoration et de la sculpture. Ce caractère se retrouve lors de

Fig. 9. — Porte de Pérouse.

la période impériale, qui cependant était entrée dans une voie toute différente en ce qui concerne la conception, la construction et la décoration des grands édifices.

En effet, sous l'empire romain, le mode de construire se transforme complètement et le principe d'appareil est abandonné, pour faire place à celui des blocages enfermés dans des armatures de briques. Ce système, en usage pour les murs, s'étend aux voûtes en berceau ou d'arête, et aux coupoles élevées sur plan circulaire. Dans ces ouvrages, généralement de grande portée, et dont l'inspiration était due à l'influence de la Perse, le romain ne suit cependant pas l'usage établi par ses devanciers et d'après lequel ces voûtes étaient constituées sans le secours de cintres.

Toutefois, il ne les supprimait pas complètement et il avait

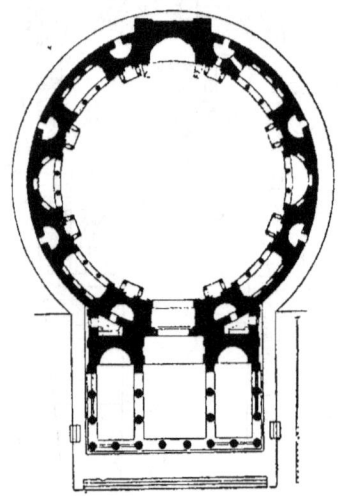

Fig. 10. — Plan du Panthéon de Rome.

recours à un moyen terme ; l'emploi des cintrages en charpente de bois se réduisait à des pièces d'équarrissage restreint, car elles ne devaient donner que la résistance nécessaire à la construction d'une première voûte relativement légère, destinée, suivant une seconde opération, à supporter une autre voûte plus épaisse, terminant l'ouvrage.

Dans cette combinaison, les blocages inférieurs et supérieurs étaient indépendants, mais les armatures en briques étaient solidaires entre elles et formaient des compartiments qui ont donné lieu à l'effet décoratif si puissant des caissons apparaissant à la partie inférieure de la première voûte. Cette disposition et

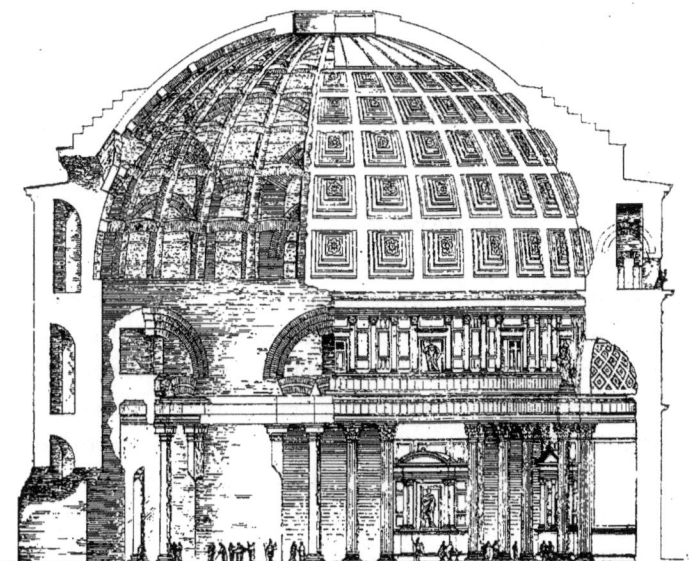

Fig. 11. — Panthéon de Rome.
(Coupe).

ces moyens d'exécution furent adoptés pour les coupoles des Thermes et tout particulièrement au Panthéon de Rome, attribué plus ou moins sûrement à Agrippa (voir le plan fig. 10). — La figure 11 présente une coupe faite sur deux axes différents de cette admirable coupole recouvrant une rotonde de 40 mètres de portée qui n'est éclairée qu'à son sommet, par une ouverture de 7 mètres de diamètre, restée à ciel ouvert depuis l'origine de l'édifice (voir vue intérieure actuelle fig. 12).

Dans cette construction de murs et de voûtes fondée sur le principe de concrétion que donne la liaison des mortiers et de la brique, le romain avait réalisé un mode de structure sinon nouveau, du moins singulièrement perfectionné et qui donnait toutes les garanties du monolithe. La rupture de ce bloc était évitée par une combinaison (indiquée par le plan et la coupe) qui avait permis de réduire la masse des éléments verticaux, grâce à un système d'évidement des murs, admirablement raisonné. L'exécution parfaite de cette conception si rationnelle a assuré une durée indéfinie à cette coupole qui, debout depuis tant de siècles, n'a subi aucun désordre. Certes, voilà un édifice qui est une véritable œuvre d'architecture et cependant, l'expression de son admirable conception architectonique n'est pas architecturalement affirmée à l'extérieur. Au dedans, les caissons seuls de la coupole sont en concordance avec l'ossature constitutive; au dehors un immense portique à fronton disposé comme celui d'un temple, cache, sur la face principale, la forme générale de la rotonde ainsi que les éléments de sa structure.

Le romain, comme le prouve cet exemple et comme on peut le constater d'ailleurs dans presque toutes ses œuvres, n'avait donc pas la même compréhension logique et pratique de l'art que ses prédécesseurs. En tout cas, il n'a pas cherché à réunir, dans ces édifices, pour les faire concourir à une expression sincère, les éléments de la construction et de la décoration; voulant d'ailleurs, avant tout, affirmer sa puissance par la richesse et le faste des monuments, il empruntait leur décor aux ordres grecs.

Fig. 12. — Intérieur du Panthéon de Rome.

De ce fait, il entraînait l'architecture dans une voie fatalement contraire à son principe; et en outre il faisait plier à des nécessités de construction les lignes pures et rationnelles des ordres en

Fig. 13. — Arcs romains.

les dénaturant. C'est à cette erreur de principe qu'est due celle des architectes de la Renaissance, qui l'aggravèrent, comme nous le verrons plus loin.

Toujours est-il, que l'arc romain qui intervient comme

une nécessité de construction est englobé dans une ordonnance de portique grec (voy. fig. 13) et surmonté d'une plate-bande qui est une superfétation. Cette plate-bande constitue, en effet, avec l'arc un double emploi de formes qui se

Fig. 14. — Motif d'ordre romain imité du grec.

contredisent, alors que dans une véritable composition d'architecture chacune doit rester indépendante, selon sa fonction.

Cependant les ordres s'appliquent partout, jusque sur les arcs de triomphe (voir fig. 14) et même sont superposés par étages, comme au théâtre de Marcellus. Les imitateurs de cette singulière façon de comprendre l'art ont cherché de nos jours à la justifier ; mais leurs explications sont puériles. Ils attribuent, par exemple, à la colonne engagée qui porte la plate-bande établie au-dessus de l'arc, une fonction de contrefort qui est absolument superflue ; quant aux plates-bandes et aux entablements qu'elles supportent, ces saillies constitueraient d'après eux un moyen de consolidation dans le sens horizontal ; mais les maçonneries romaines n'avaient nul besoin d'un tel secours. Donc rien ne peut expliquer ce vêtement au point de vue de la solidité, on ne peut y voir qu'un décor qui est la négation du bon sens en architecture, ainsi qu'une cause de double emploi de matière et de main-d'œuvre contraire à la plus élémentaire économie. Que les Romains, bâtissant avec des milliers de bras qui ne leur coûtaient rien, aient voulu faire montre d'un luxe aussi désordonné, passe encore, mais qu'à notre époque on prétende continuer à servir les intérêts de l'art par les mêmes procédés, c'est inadmissible. Quand les partisans impénitents de l'École de Rome se décideront-ils à voir ce qui se passe autour d'eux, — à se rendre compte qu'il est aujourd'hui d'autres moyens que ceux en honneur à la villa Médicis pour former des architectes ? Si encore on se bornait à envisager les édifices romains selon leur véritable signification, on y trouverait des indications précieuses que jusqu'ici on a semblé laisser de côté.

Qu'on les considère au point de vue pratique, dans leurs moyens de construction applicables aux édifices à grande portée, dans leurs préoccupations de conduire les eaux et de chauffer les bâtiments, certes alors on y rencontrera, non pas des exemples à suivre, mais des solutions utiles à méditer et de nature à nous guider dans l'utilisation des ressources actuelles, bien plus puissantes encore que celles des Romains en tant que constructions monolithes. Sans doute il restera toujours la question de trouver le mode de décoration qui doit convenir à d'autres matériaux que la pierre, mais précisément c'est là un des problèmes les plus stimulants et qu'on doit pouvoir résoudre sans imiter ce qu'ont fait les Romains en pareil cas.

Notre époque serait-elle impuissante à cet égard ? Ne le laissons pas croire sans avoir tenté l'effort qui s'impose.

V

LES ARCHITECTURES BYZANTINE
ET GRÉCO-SYRIAQUE

L'ARCHITECTURE BYZANTINE

Lorsque les Empereurs romains abandonnèrent Rome pour Byzance, ils avaient reconnu le Christianisme comme religion d'État, et leurs vues se portèrent vers la construction d'édifices religieux. Ils firent appel à des artistes d'origine grecque qui avaient introduit, en Syrie, deux principes de structure différents, l'un basé sur l'emploi de la brique, adoptée jadis par les Perses, l'autre, sur celui de la pierre que les Grecs avaient si logiquement appropriée à leurs conceptions.

Pour les grands édifices religieux de l'empire chrétien d'Orient dont Sainte-Sophie de Constantinople est le chef-d'œuvre, c'est la brique qui en forme l'élément principal.

Sainte-Sophie est entièrement conçue et exécutée suivant la méthode des Perses. Ses voûtes ne sont des coupoles romaines ni dans leur structure, ni dans leurs dispositions, car elles sont établies sur plan carré au moyen de pendentifs dont les Romains ne se servaient pas, se bornant à élever des coupoles sphériques sur plan circulaire. D'ailleurs l'influence des Romains ne se fait sentir que bien indirectement dans ces œuvres byzantines d'origine orientale ; en tout cas l'ordre d'idées qui avait égaré les constructeurs de l'Empire romain en les conduisant à employer des

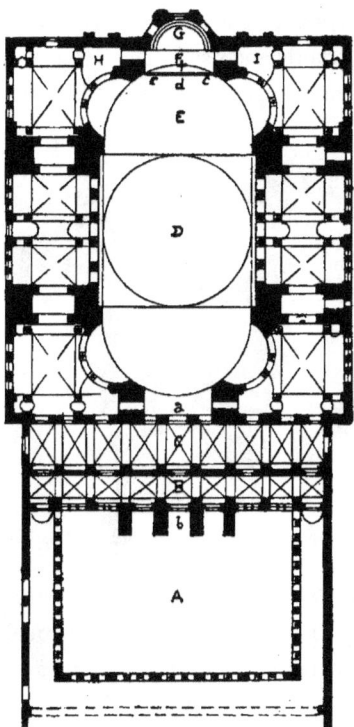

Fig. 15. — Plan de Sainte-Sophie de Constantinople.

éléments décoratifs inutiles à la solidité, fut complètement abandonné par les Byzantins. Dans leurs édifices il y a, de nouveau, accord complet entre la façon de construire et les apparences.

L'intérieur de Sainte-Sophie a été très altéré dans sa décoration intérieure depuis que ce monument chrétien est devenu une mosquée musulmane, mais toutes ses dispositions constitutives ont été respectées, si ce n'est lors de certaines reprises nécessitées, peu après la construction, par des défauts d'exécution et par des tremblements de terre. Le plan (voir fig. 15) en est remarquable et explique comment la poussée de la grande

Fig. 16. — Chapiteau à Sainte-Sophie de Constantinople.

coupole centrale, de trente mètres de diamètre, est maintenue par les parties qui l'entourent, à travers lesquelles est assurée néanmoins la circulation. Deux points sont à observer dans ce vaste intérieur : d'une part, le moyen adopté à la base de cette grande coupole pour assurer l'éclairage au centre de l'édifice indépendamment des jours latéraux ; d'autre part, la façon dont les arcades portent sur les chapiteaux, en utilisant leur évasement, ce qui permet de réduire les points d'appui, au bénéfice de l'espace laissé entre eux.

Ce parti si rationnel nous intéresse d'autant plus que nous en

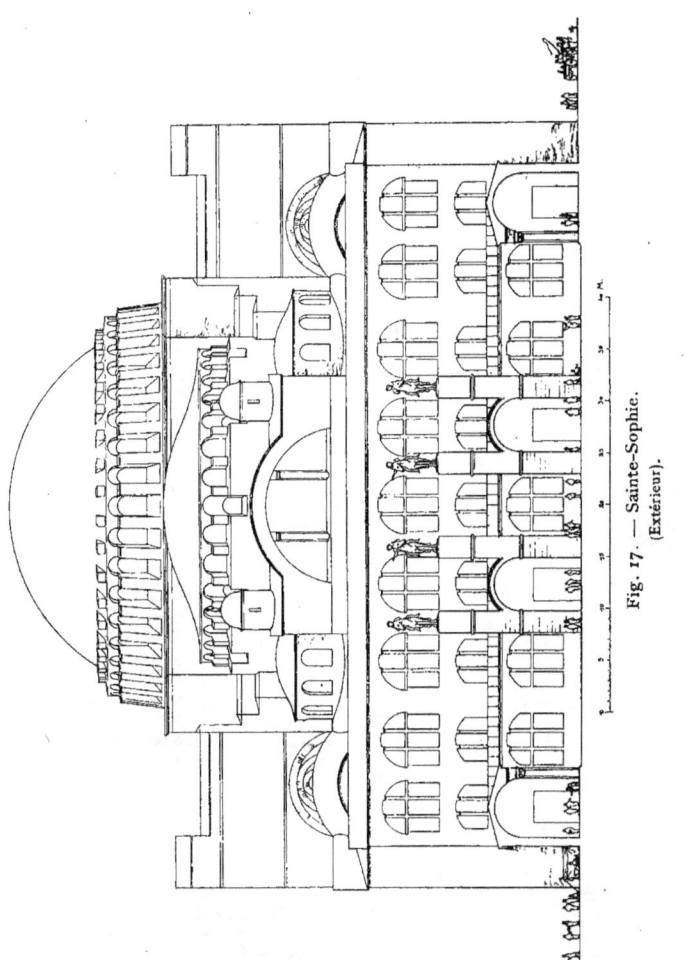

Fig. 17. — Sainte-Sophie.
(Extérieur).

retrouvons l'application constante dans les édifices romans et

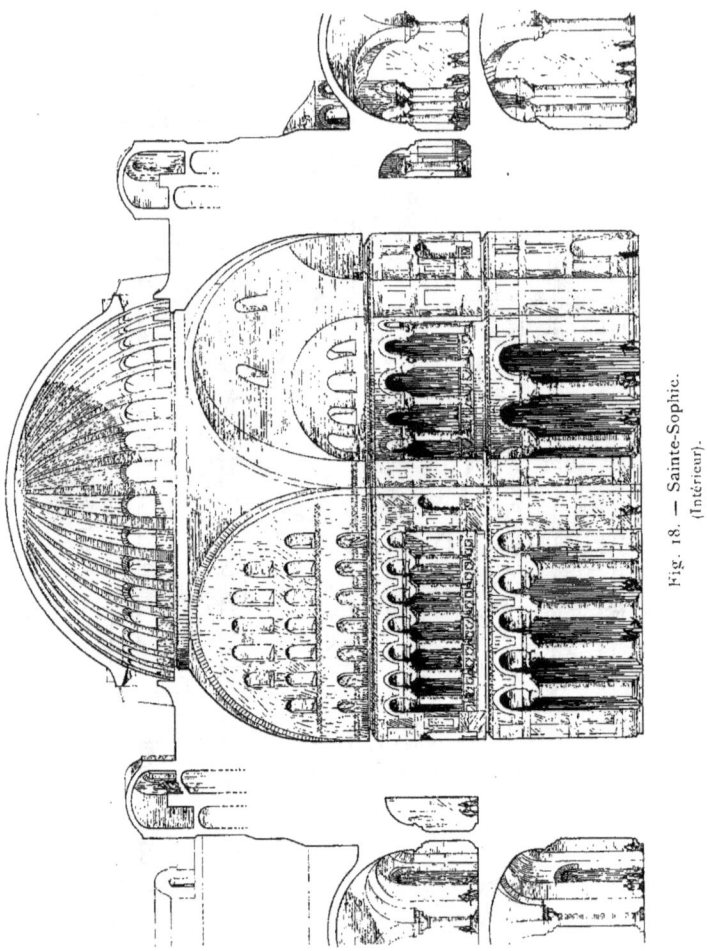

Fig. 18. — Sainte-Sophie. (Intérieur).

gothiques. La sculpture de ces chapiteaux est d'une grande

finesse (voir fig. 16) et de ce fait, s'allie intimement à la décoration dans laquelle le marbre et les mosaïques sur fond d'or constituent une ornementation colorée d'une parfaite harmonie et dont le mode d'applique respecte absolument tout ce qui est dû à l'architectonique.

A l'extérieur, l'aspect général, qui reproduit fidèlement toutes les dispositions intérieures, est des plus simples dans la nudité des parements qui semblent n'avoir jamais reçu d'éléments décoratifs (voir fig. 17). Quoi qu'il en soit, ce chef-d'œuvre nous offre, par sa conception logique, un exemple bien instructif de composition méthodique. Aussi mérite-t-il d'être étudié et approfondi. C'est dans le but de faciliter cette étude que nous présentons (fig. 18) la coupe qui, faite suivant les diagonales, renseigne tout particulièrement sur la disposition et le rôle des pendentifs.

L'ARCHITECTURE GRÉCO-SYRIAQUE

Dans les premiers siècles de l'ère chrétienne, les Grecs, qui sous la direction romaine, construisaient en briques les édifices byzantins, — dont Sainte-Sophie de Constantinople est la plus magistrale expression, — élevaient, d'autre part, dans la Syrie centrale des monuments, moins importants, religieux ou civils, dont toute la conception reposait sur l'emploi de la pierre. Ce qui reste de ces constructions publiques ou privées est encore assez bien conservé pour que l'architecte moderne y trouve des éléments d'étude d'autant plus intéressants, qu'il peut constater le retour vers les principes d'une composition logique, ainsi que le sentiment de la forme toujours appropriée à la structure. Toutefois il ne s'agit plus du même système de construction, car on trouve ici l'emploi raisonné et simultané de la plate-bande et de l'arc se combinant pour fournir des solutions nouvelles. Le linteau est alors adopté, lorsque sa forme horizontale est utile et sa solidité est assurée grâce à l'arc qui, placé au-dessus, constitue une décharge. Dans d'autres cas l'arc est destiné à supporter les dalles de pierre qui, dans la géné-

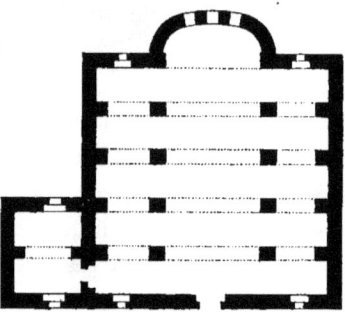

Fig. 19. — Plan de l'Eglise de Tafkha.
(Syrie centrale).

ralité des cas, recouvrent les édifices religieux (voir fig. 19 et 20).

Parfois cependant les nefs des églises sont recouvertes de combles en charpente, composés de fermettes réunies par des pièces horizontales constituant le chevronnage de la couverture, particulièrement dans l'église de Qalb-Louzeh. Comme le montrent les figures 21 et 22, ces fermettes posent sur des colonnes portées, en encorbellement, par des corbeaux ; quant aux petites pannes multiples, leur disposition et leur nombre s'affirment sur le pignon surmontant l'arc qui sépare la nef de l'abside qui, elle, est voûtée. Des collatéraux couverts en grandes dalles flanquent la nef ; les murs extérieurs sont percés de petites ouvertures qui, avec les baies situées entre les colonnettes supportant la charpente, donnent à l'intérieur de l'édifice le jour nécessaire. Dans

Fig. 20. — Eglise de Tafkha.
(Perspective intérieure).

cet exemple, l'emploi de la pierre n'est pas absolument poursuivi ; mais l'œuvre n'en est pas moins fort rationnelle et d'un caractère d'unité remarquable. La façade principale de cette église de Qalb-Louzeh est détruite, mais la figure 24 qui indique celle de Babouda, édifice analogue (sauf l'existence des bas côtés), renseigne sûrement sur ce point, permet de reconstituer complètement une composition de cette période de l'architecture et de faire ressortir son analogie avec l'art roman des XIe et XIIe siècles. Les architectes de cette époque ont dû certainement

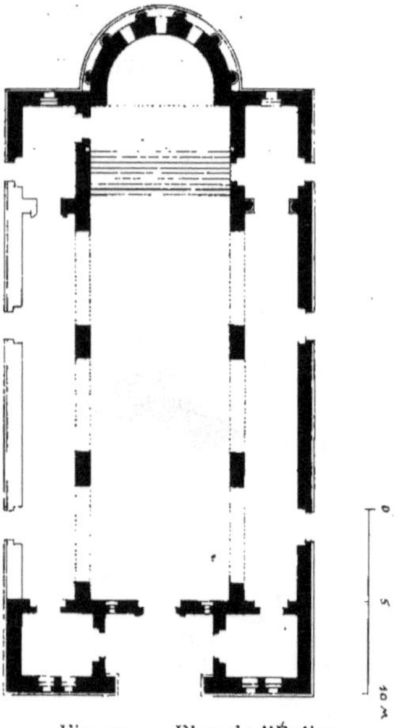

Fig. 21. — Plan de l'Église de Qalb-Louzeh.
(Syrie centrale).

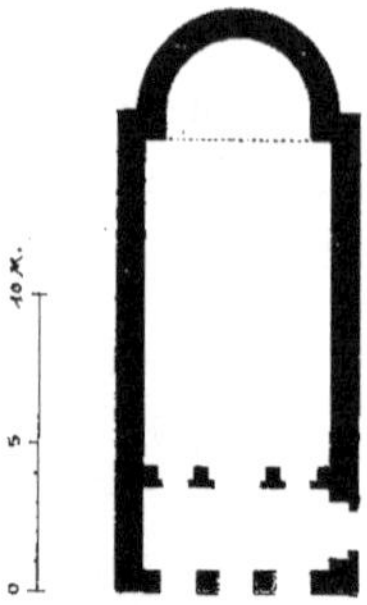

Fig. 23. — Plan de l'Église de Babouda.
(Syrie centrale).

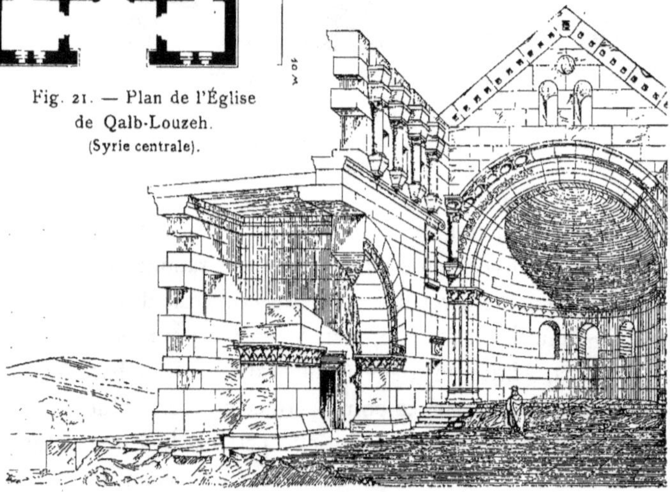

Fig. 22. — Église de Qalb-Louzeh.
(Perspective intérieure).

LES ARCHITECTURES BYZANTINE ET GRÉCO-SYRIAQUE   49

s'en inspirer tout en apportant de sensibles modifications, en raison du mode de structure qui était différent, — puisqu'à la pierre venaient s'ajouter le moellon et les blocages, — et qui ne comportait pas l'emploi des dalles en couverture, sauf de rares exceptions (voir le plan de Babouda, fig. 23).

Je ne puis ici m'étendre au sujet de cette architecture gréco-

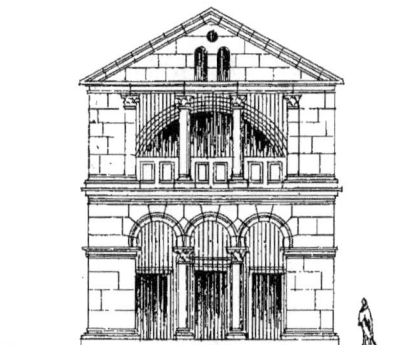

Fig. 24. — Église de Babouda.
(Façade).

syriaque, et dois me borner à présenter les quelques exemples qui précèdent; mais j'engage vivement le lecteur à consulter, à ce sujet, l'ouvrage de MM. Melchior de Vogué et Duthoit[1]. On y constatera, l'esprit méthodique qui a guidé les Grecs du ve siècle, ainsi que l'influence que cette architecture semble avoir eue dans ses données générales et dans ses formes, sur les édifices de la période romane, en Auvergne et en Bourgogne.

1. Melchior de Vogué et Duthoit. *La Syrie centrale.*

VI

MOYEN AGE

Nous arrivons maintenant à cette grande époque du moyen âge dont l'immense effort, dû au génie de la France, a jeté un si vif et si nouveau jour dans le domaine de l'architecture. Longtemps ignoré et méconnu, cet art, enfin remis en honneur pendant le xixe siècle, a eu déjà sur le présent et aura surtout dans l'avenir, au fur et à mesure qu'il sera étudié et approfondi, une influence considérable. Tout d'abord il est venu détruire une erreur singulière qui a longtemps égaré les artistes et le public en laissant se répandre ce préjugé qu'en dehors des beautés dues à l'antiquité grecque et romaine, l'homme n'avait plus rien à chercher, en vertu de cet adage qu'il n'y a rien de nouveau sous le soleil.

L'art gothique donne un démenti formel et absolu à cette assertion, dans ses solutions pratiques comme dans ses expressions, dont la cathédrale est la sublime synthèse. Certes on ne peut nier l'influence de la tradition, mais celle-ci n'est intervenue au moyen âge que dans les principes et non dans les formes. Aussi cette période démontre-t-elle péremptoirement comment l'architecture peut évoluer et se transformer, en raison des conditions sociales et des principes de construction, sur lesquels s'appuient ceux qui prennent pour guides la raison et l'observation. N'est-ce pas là pour l'architecte moderne un admirable exemple à suivre et un puissant encouragement ?

De ce qui précède il faudrait bien se garder de conclure toutefois que l'art gothique nous apporte un secours direct et qu'en lui empruntant des éléments décoratifs suivant l'exemple donné par les exploiteurs de l'antiquité, nous arriverons à tracer un nouveau sillon. Ne nous laissons pas leurrer par un tel objectif. La société actuelle ne trouve dans ce qui a précédé aucune expression qui lui soit applicable et nous ne pouvons chercher, dans l'antiquité et le moyen âge, qu'un guide et une direction dont il importe uniquement de saisir la signification et la portée. Je n'hésite pas toutefois à penser que l'étude du moyen âge nous est bien plus utile, plus indispensable même que celle de toute autre période, car cette époque, plus rapprochée de nous, a envisagé l'architecture dans des problèmes se rapprochant singulièrement par leur complexité de ceux qui nous sont soumis aujourd'hui et elle a apporté, dans ses recherches, un esprit scientifique indéniable, ainsi qu'une méthode bien remarquable dans l'application des principes. En outre les édifices médiévaux sont en grand nombre, toujours debout et tout prêts à nous révéler, par l'analyse, bien des secrets utiles à connaître et à méditer.

C'est donc dans cette intention que je m'efforcerai de résumer ce que nous a appris l'œuvre considérable du moyen âge, si admirablement et si magistralement analysée par Viollet-le-Duc, mise au jour en même temps par les travaux de restauration qui sont entrepris depuis trois quarts de siècle pour conserver les monuments historiques de la France, datant des périodes romane, gothique et de la première renaissance.

ÉPOQUE ROMANE

Cette période est une longue suite de tâtonnements qui se manifestent dans les édifices religieux, selon un même ordre

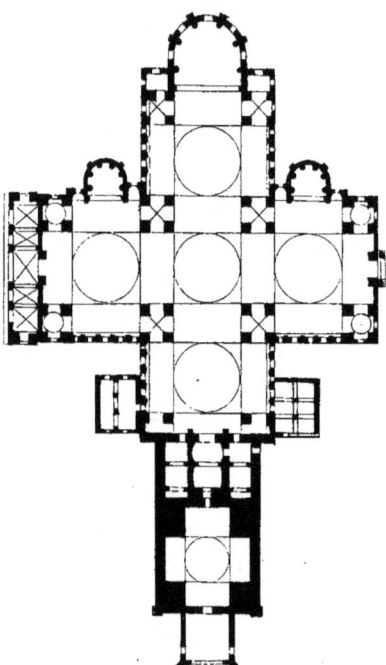

Fig. 25. — Plan de Saint-Front de Périgueux.

d'idées de recherches, mais suivant des moyens d'exécution et des matériaux différents variant selon les régions. A chaque province correspondent des tentatives particulières, mais avec une préoccupation constante : celle de voûter les églises. Pour atteindre ce but, les moines, chez lesquels s'était réfugiée et

Fig. 26. — Coupe de Saint-Front de Périgueux.

concentrée l'instruction, s'inspirent des combinaisons romaines, byzantines et syriaques sur lesquelles ils sont plus ou moins renseignés, mais dont ils profitent néanmoins grâce à leur logique et à leur volonté opiniâtre. Ils ne copiaient pas ils transformaient en raison des matériaux, puisque, dans la plupart des provinces, ce qui était exécuté en briques devait l'être par eux en maçonnerie de pierre et de moellon. C'est ainsi par exemple que la voûte byzantine, sur pendentifs, prend dans l'ouest, et particulièrement à Saint-Front de Périgueux, une expression différente des voûtes de Sainte-Sophie, par suite de la substitution de la pierre à la brique. Les figures 25 et 26 qui montrent la disposition en plan et en coupe prise sur la diagonale des pendentifs indique comment ces coupoles sont contrebutées l'une par l'autre. Dans d'autres cas, comme à la cathédrale romane d'Angoulême, et dans bien d'autres églises, ces coupoles correspondent à des travées répétées, en une seule nef, et sont maintenues par d'épais contreforts intérieurs.

C'est ainsi également que la voûte d'arête romaine qui était jadis exécutée en briques et dont le tracé repose sur la rencontre de deux cylindres, est modifiée suivant une forme bombée qui se rapproche, à son sommet, plus ou moins sensiblement de la coupole. On le voit par ces deux exemples, il ne s'agit ici nullement d'imitations, mais d'inspirations dans lesquelles la forme modifiée dérive de la nature des matériaux et du mode de construction adopté. En procédant ainsi, — comme l'ont fait les romans dans toutes leurs tentatives, — ces constructeurs, inexpérimentés cependant, opéraient sincèrement et logiquement. Ce qui est remarquable, c'est que dans les différentes écoles (on en compte douze principales ou secondaires) cette méthode rationnelle est toujours appliquée avec la même rigueur, quel que soit le point de départ de la conception.

Néanmoins ce genre de voûtes d'arêtes qui étaient constituées par des blocages plus ou moins bien exécutés, s'il convenait à des ouvrages inférieurs, tels que les bas côtés des églises, n'était pas apte à clore la partie supérieure des nefs centrales, en raison de la difficulté de maintenir leur poussée. Pour assurer la résistance de ces voûtes posées sur les collatéraux, contrairement aux Romains qui les épaulaient par des massifs intérieurs, les architectes romans avaient adopté des contreforts situés extérieurement ; mais comment établir ces éléments de résistance nécessaires également aux voûtes supérieures sur les piles séparant les nefs et dont on cherchait d'autre part à réduire le plus possible la section dans le but de dégager l'intérieur des églises ? Tout d'abord on se contenta de couvrir ces parties hautes par des charpentes, puis on tenta de les voûter au moyen de berceaux continus ; mais pour éclairer les vaisseaux il fallait surélever la naissance de ces berceaux. En Bourgogne notamment les constructeurs adoptèrent ce parti, mais ils ne tardèrent pas à voir se manifester les inconvénients graves de cette combinaison défectueuse.

En Auvergne, — un des centres les plus intéressants de l'époque romane, — on eut recours à une disposition générale qui ne donnait qu'en partie satisfaction, mais qui eut des conséquences heureuses et fort utiles à la solution définitive, obtenue plus tard par l'intervention des arcs-boutants.

Voyons, dans une des églises les plus remarquables de cette province, le plan et les coupes d'une travée de Notre-Dame du Port de Clermont-Ferrand (voir fig. 27 et 28). Ici les collatéraux sont surmontés d'une galerie qui est voûtée, à l'aide de demi-berceaux contrebutant celui central dans toute son étendue, et maintenus eux-mêmes par les murs inférieurs, renforcés de contreforts extérieurs. Des jours sont pratiqués en dessous de la naissance des demi-berceaux ; ils sont peu élevés, mais

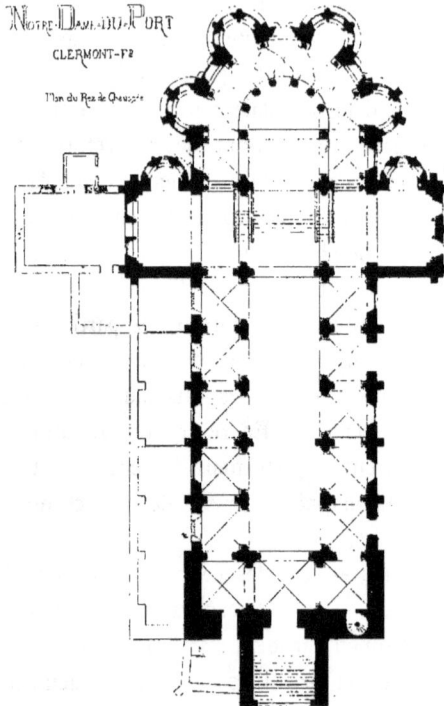

Fig. 27. — Plan de Notre-Dame-du-Port à Clermont-Ferrand.

néanmoins suffisants dans la partie centrale de l'église, éclairée d'ailleurs d'autre part par les transepts, l'abside et la façade principale. La solution n'est pas parfaite assurément, mais appliquée à des monuments religieux plus vastes, et plus dégagés, elle a donné cependant des résultats plus satisfaisants, comme à Saint-Sernin de Toulouse, jusqu'où s'est étendue l'influence auvergnate.

Ce n'était là cependant que des résultats limités, mais le fait

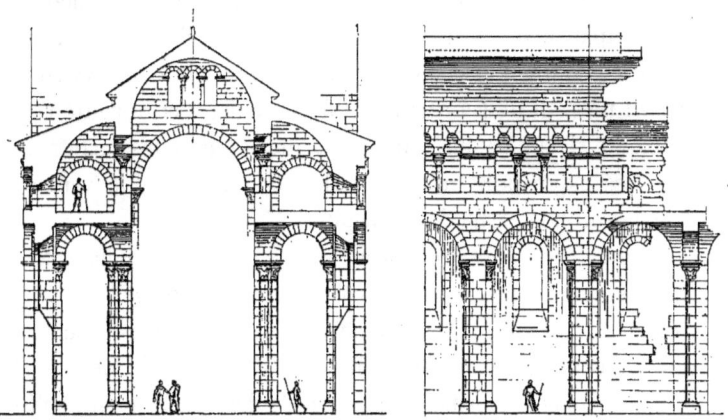

Fig. 28. — Notre-Dame-du-Port à Clermont-Ferrand.
(Coupe transversale et longitudinale).

important, c'est qu'on comprit, plus tard, le rôle que remplissait le demi-berceau comme élément de butée et, dès lors, on arriva à en appliquer le bienfait au maintien de voûtes d'arêtes supérieures. On savait dès lors pouvoir trouver dans des arcs-boutants, indiqués en principe par les demi-berceaux, la résistance nécessaire correspondant aux dispositions des voûtes d'arêtes, désormais applicables dans les nefs centrales.

Il importe d'autre part de signaler le caractère donné à l'extérieur aux monuments auvergnats, où l'emploi de matériaux de différentes couleurs joue un rôle important. L'église de Chauriat en est un exemple fort remarquable (voir fig. 29).

Dans les églises bourguignonnes, normandes et autres, pour lesquelles on ignorait primitivement le moyen d'établir les voûtes supérieures, si ce n'est par des berceaux qui se détruisaient rapidement, ou par des charpentes qui n'offraient pas de garanties contre l'incendie, on établit enfin tout un système, qui petit à petit transforma les édifices religieux, et fit naître l'art gothique, si sûr de lui, dans ses principes de construction et dans ses expressions architecturales, comme nous le verrons dans la seconde partie de ce chapitre.

Les archéologues trouveront peut-être qu'il eût fallu entrer ici dans de plus amples détails en précisant davantage les points d'origine et de rapprochement entre les diverses écoles romanes, mais dans notre étude comparative il ne s'agit ni d'archéologie ni d'histoire et la constatation raisonnée des faits m'a paru suffisante pour appuyer la thèse que je m'efforce d'établir dans cet ouvrage, destiné à l'architecte contemporain. D'ailleurs, tout lecteur qui voudra bien me suivre aura avantage à consulter, d'autre part, les auteurs qui sont entrés dans un examen plus détaillé et ont multiplié les exemples, à l'appui de leurs constatations. Ce qui importe ici, c'est de montrer comment l'art a évolué grâce à des efforts constants et méthodiques, ainsi qu'à l'esprit d'observation.

Dans la période romane nous trouvons ainsi, indépendamment des interprétations et des inspirations puisées aux sources indiquées plus haut, des combinaisons qui sont de véritables innovations, notamment dans le couronnement des clochers qui parfois sont couverts de flèches en pierre, de sec-

Fig. 29. — Église de Chauriat, Puy de Dôme.
(Extérieur).

tion rectangulaire, plus généralement de forme polygonale.

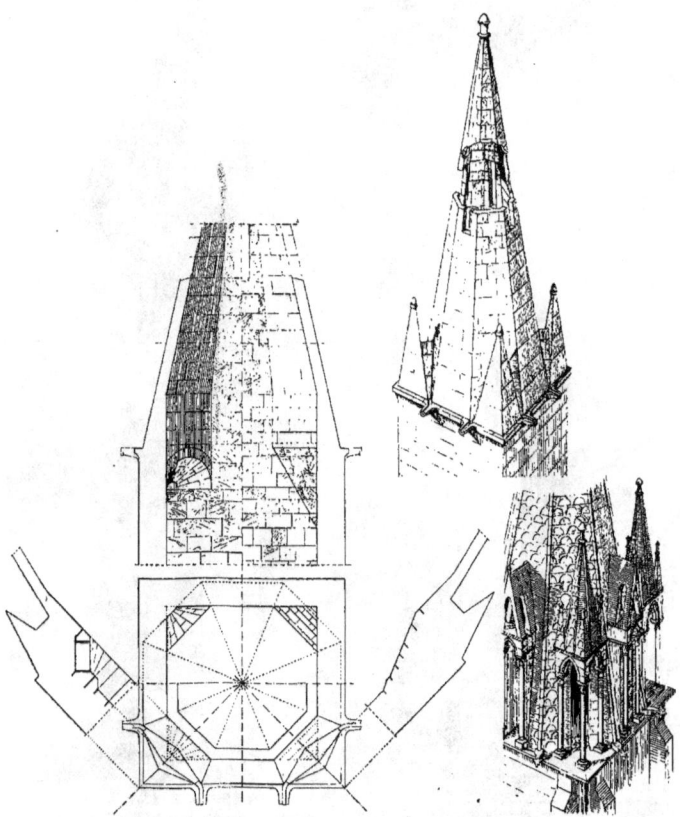

Fig. 30 et 31. — Clochers et flèches.

Pour passer du plan carré des tours destinées à contenir les cloches au plan polygonal ou parfois circulaire des flèches, le constructeur roman, raisonnant suivant sa méthode habituelle, a imaginé un système de structure des plus ingénieux. Il en a tiré une forme typique qui a été le point de départ de nombreuses applications pour ces ouvrages en hauteur, toujours harmonieux dans leurs silhouettes, contribuant à rendre si particulièrement attrayant l'aspect de nos villes et de nos villages, à entretenir « l'amour du clocher ». Les figures 30 et 31 indiquent comment, à l'aide de trompes ou d'encorbellements, s'opérait la transformation du carré à l'octogone et comment par l'établissement de pinacles formant contrepoids, on assurait la stabilité de l'ouvrage.

Jusqu'ici, nous avons considéré les édifices romans dans leurs dispositions et leurs apparences d'ensemble, voyons maintenant ce qu'ajoute à leur expression l'étude des détails et des moulurations.

Il faut dire tout d'abord que, dès le début de leurs recherches, les constructeurs du moyen âge y apportèrent le sentiment de l'échelle qui n'avait nullement préoccupé leurs prédécesseurs. Généralement dans l'antiquité tout était soumis à des règles plus ou moins absolues de proportions, indépendantes du principe de l'échelle.

C'est ainsi que les ouvertures donnant entrée dans les édifices, ou y assurant l'introduction de la lumière du jour, grandissaient en raison des dimensions des monuments; il en était de même pour les éléments de la mouluration.

Au moyen âge au contraire tout est subordonné à l'échelle humaine et à celle des matériaux.

C'était là un principe nouveau dont l'application n'a fait que se développer et s'affirmer pendant la période gothique et celle de la première Renaissance française. Il n'est pas nécessaire d'insister sur ce principe, pour en faire saisir toute la logique ; en tout cas, si jamais l'architecture moderne trouve son expression définitive, tout porte à croire qu'elle s'appuiera, à son tour,

Fig. 32. — Porte romane.

sur cette harmonie des éléments constitutifs. C'est un point qu'il faudra envisager lorsqu'il sera question de l'époque contemporaine.

Pour en revenir aux efforts faits par les architectes romans, voici quelques exemples qui préciseront les indications présentées ci-dessus, et feront comprendre ce que j'appelle la méthode de composition.

Voir tout d'abord (fig. 32) comment était conçue la porte d'entrée d'une église; elle est, quant à ses dimensions de hauteur et de largeur, limitée dans sa partie ouvrante aux exigences et commodités des panneaux de bois; et elle est surmontée d'un linteau déchargé par un arc supérieur; lorsque le mur était épais, les arcs se multipliaient d'accord avec les piédroits, mais le linteau de faible épaisseur ne correspondait qu'à l'arc intérieur. Si cette dimension d'ouverture devait être augmentée, en vue d'une circulation plus intense, un point d'appui intermédiaire divisait l'espace en deux parties, chacune d'elles recevant ses panneaux. De cette donnée si franche et si simple sont nées d'admirables solutions dans les portails de nos cathédrales, mais on le voit, le point de départ est dans le système de construction sur lequel il importe d'insister. Plus le mur était épais, plus le nombre de redans qu'indique le plan étaient nombreux parce qu'il résultait de la dimension de matériaux toujours employés sans évidements.

Pour raidir cette réunion de petits éléments, on avait recours à des colonnettes de pierre dure monolithes et dont les chapitaux recevaient la retombée des arcs supérieurs. Cet exemple est précieux à observer car il montre clairement comment, méthodiquement, s'établissait la concordance entre la structure et la forme sur laquelle j'insiste toujours, si énergiquement, non sans raison.

Plus tard, lorsque l'imitation guida l'architecte, il adopta cette disposition de redans, mais il les obtint aux dépens de la pierre, alors employée en grands morceaux qu'il évidait sans souci d'économie, sans se préoccuper de la contradiction qu'il établissait par une fausse interprétation d'une composition dont le sens véritable lui échappait.

C'est ainsi qu'a procédé la Renaissance sous prétexte de réno-

Fig. 33. — Corniche romane.

vation et qu'elle a entraîné les singulières conceptions des xviie et xviiie siècles, pour lesquelles tout principe était sans portée, contrairement à l'esprit français du moyen âge qu'on méprisait alors de parti pris, sans chercher à en approfondir l'influence directrice ; l'organisme des éléments persiste, mais en apparence seulement.

Voici (fig. 33 et 34) d'autres exemples bien caractéristiques également. Il s'agit des corniches établies à la base des combles ; celles-ci sont constituées à l'aide d'une tablette continue, dont la saillie extérieure est portée par des corbeaux pénétrant en boutisses dans l'épaisseur des murs et placés au droit de la rencontre des dalles. Une telle disposition est naïve et simple, et cependant elle a, grâce à son principe, inspiré, par la suite, pendant le moyen âge, bien des motifs analogues, quoique plus riches et plus expressifs, sans que le mode de structure fût altéré en lui-même. Mais il vint un moment où, comme pour les

Fig. 34. — Corniche romane.

portes citées plus haut, on ne vit plus là qu'une donnée à exploiter, sans souci du point de départ, et alors les corbeaux sont pris dans la masse, parfois avec la tablette elle-même, dans une même hauteur d'assises; on croyait ainsi obtenir plus d'effet, mais on dissimulait plus ou moins adroitement la pauvreté et le manque de sincérité de la combinaison première. On le reconnaîtra, l'occasion est favorable pour montrer à ceux qui croient aveuglément au progrès apporté par la Renaissance, combien ce progrès est factice et comment il repose sur le mensonge. En tout cas, si cette époque a contribué à produire des œuvres ayant un certain charme décoratif, son manque de logique ne peut, à l'heure présente, qu'égarer le chercheur, car il n'y trouve qu'une doctrine incohérente, le détournant de l'em-

Fig. 35. — Arcatures romanes.

ploi judicieux des nouveaux matériaux et d'un effort inventif raisonné.

Dans tout ce qu'a fait le roman, on constate le même esprit de méthode dirigé par l'appareil ; en voici encore une preuve dans ces arcatures répétées (fig. 35) qui, tout en décorant un mur, permettent la diminution de son épaisseur sans nuire à sa solidité. Dans l'ornementation moulurée et sculptée, il en est de même, comme le fait voir le mode de décoration des arcs, dont chaque claveau est un motif qui correspond à l'appareil.

On peut donc, sans craindre de se tromper, affirmer que dans ces œuvres se manifeste tout un mode d'enseignement qu'il est très regrettable de ne pas voir à la base des études des élèves architectes. Ils y puiseraient une direction applicable à toute nature de matériaux et, dans la pratique, plus tard, ils seraient débarrassés de cette préoccupation des formes qu'ils prennent n'importe où, sans hésiter à en abâtardir le principe, parce qu'on ne le leur a pas fait saisir. On ne peut cependant admettre que l'architecture se borne désormais à utiliser les créations du passé, et ne remontant pas aux causes, ne profite pas réellement des exemples donnés. Le jour où on renoncera à ce système déplorable, l'imitation des styles aura vécu.

Avant de quitter cette époque si instructive, il est indispensable de signaler aussi les efforts faits par les architectes pour transformer la voûte d'arête, due aux premières tentatives, et qui, exécutée en blocages de moellon sans combinaison d'appareil, était difficile à cintrer et fatalement d'un grand poids. Sans nous arrêter aux premiers essais qui, à juste titre, préoccupent les archéologues, contentons-nous de constater que la transformation en question s'opéra enfin par l'établissement d'arcs diagonaux se croisant à la clef, pour l'exécution desquels il suffisait de recourir à de légers cintres permettant de disposer, sur ces arcs, des remplissages de petits moellons appareillés, posés au moyen de cercles en planches que l'ouvrier déplaçait au fur et à mesure qu'il avançait. Ces voûtes de facile exécution devenaient d'une légèreté relative, très appréciable, qui en rendait l'emploi bien précieux, surtout dans la partie haute des édifices.

Lorsque la construction des églises et surtout des cathédrales passa des moines aux maîtres d'œuvres et aux corporations laïques, ce système de voûte, qui n'était encore qu'à l'état embryonnaire, se développa et se perfectionna rapidement; il devint la base de toutes les combinaisons gothiques, fondées sur le principe d'équilibre, principe alors tout nouveau, entièrement différent du mode passif et concret, sur lequel toute l'antiquité s'était appuyée dans ses conceptions. L'emploi de ces voûtes ne se limitait pas à la forme carrée du plan, mais se prêtait, grâce à la multiplicité des arcs diagonaux, à des combinaisons polygonales ou circulaires. Ce mode de structure devint le point de départ de toute la composition architecturale, comme le plafond de pierre avait été celui des temples égyptiens, mais ici l'effort à produire était immense et d'autant plus significatif que les constructeurs du XIIIe siècle n'étaient dirigés par aucun précédent, et qu'ils durent tout obtenir de leurs propres ressources.

En présence des réalisations auxquelles ils sont parvenus, la question, qui s'est longtemps posée et se pose encore parfois, de savoir si leur œuvre égale celle des différentes périodes de l'antiquité, est bien mesquine et fait peu d'honneur à la clairvoyance et à l'esprit d'observation de tant de générations passées. Cependant aujourd'hui on est forcé de reconnaître que nos grandes cathédrales sont, dans le domaine de l'architecture, ce que le génie humain a conçu et exécuté de plus surprenant et de plus admirable. Qu'il me soit permis, à ce sujet, de signaler un fait qui a beaucoup frappé, il y a quelques années, les auditeurs du cours du Trocadéro. Sur un même cliché à projection j'avais fait reproduire, à la même échelle, la façade de Notre-Dame de

Fig. 36. — Notre-Dame de Paris.
(Façade principale, commencement du XIIIe siècle).

Paris et celle du Parthénon. La stupéfaction fut générale, en constatant la différence d'importance de ces deux monuments, dont l'un est gigantesque et l'autre, à côté, semble un simple édicule. Le lecteur peut, à l'aide du tableau comparatif qu'il trouvera à la fin du volume, faire la comparaison et en tirer les conséquences qu'elle comporte. Il ne s'agit plus de savoir si l'une de ces manifestations est supérieure ou inférieure à l'autre en beauté ; il est de toute évidence qu'elles ne sont pas comparables et qu'on perdrait son temps à éclaircir un tel point. Ce ne serait, en tout cas, qu'au point de vue plastique et dans le détail des éléments qu'une telle recherche pourrait intervenir, mais dans quel but la faire et que pourrait-il en résulter ? Absolument rien d'utile pour l'éducation de l'architecte. Je ne saurais, à propos de cette question, résister à la satisfaction de rappeler ici une visite que je fis en détail, surtout dans les parties supérieures, de Notre-Dame de Paris, avec un éminent architecte, membre de l'Institut, aujourd'hui décédé. A chaque pas, mais particulièrement dans la galerie des Rois, il admirait en répétant : mais tout cela est beau comme du grec (voir fig. 36 la façade de Notre-Dame).

J'étais en mon ardente jeunesse heureux de cette constatation, et j'aurais désiré intéresser davantage encore ce respectable visiteur, en lui faisant apprécier en même temps les dispositions si remarquables de la structure de cette immense façade, mais de telles observations semblaient le laisser assez indifférent. J'ai pu ainsi constater la différence profonde qui existait alors entre la mentalité des classiques et celle des gothiques. La lumière s'est-elle faite plus tard ? On pourrait le croire parfois, mais le doute persiste et il se justifiera, tant que l'art gothique ne sera pas une des bases de l'enseignement général donné aux architectes.

Quoi qu'il en soit, il serait en effet fort utile de faire renaître l'esprit de recherche qui a animé les architectes romans dès les premiers temps du moyen âge dans toute l'étendue du territoire qui est celui de la France. Certes ils n'ont pas abouti à un art nettement déterminé, mais ils ont grâce à leurs tentatives, grâce même à leurs tâtonnements, singulièrement aidé à l'éclosion de la magistrale manifestation de la période gothique à laquelle sont consacrées les pages suivantes.

L'ÉPOQUE GOTHIQUE

Les édifices d'ordre public ou privé du moyen âge, religieux civils ou militaires, constituent un vaste ensemble dont l'étude est aussi séduisante qu'instructive. Quiconque les visite, les observe et les analyse, trouve à leur contact un charme et un enseignement inépuisables. Aussi on prive singulièrement la jeunesse, en lui laissant ignorer ce que peut lui révéler cette grande époque, car tout ce qu'elle a produit, dans le domaine de la construction, est empreint du sentiment de l'art, depuis la cathédrale jusqu'à la modeste église de village ; depuis le château jusqu'à la plus modeste habitation ; depuis aussi le plus beau mobilier jusqu'au plus simple ustensile nécessaire à la vie matérielle.

Cette lacune dans l'éducation artistique est d'autant plus singulière et inexplicable que l'État, ayant en mains les centres d'enseignement, s'intéresse cependant, sans réserve, à la conservation de tout ce qui se rattache à l'art médiéval et y consacre annuellement des sommes importantes. De deux choses l'une :

ou il ne voit dans tout ce qu'a produit l'art français qu'une richesse de documents intéressants pour l'historien et l'archéologue et pouvant en outre satisfaire le public en l'amusant, ou il y constate une source d'enseignement, dont personne n'oserait maintenant nier l'utilité et la puissance régénératrice. J'aime à croire que ces deux points de vue le préoccupent également, mais alors comment expliquer le parti pris de ne pas introduire dans l'enseignement artistique des architectes et des décorateurs la connaissance précise de cette grande époque? Quoi qu'il en soit et avec l'espoir de voir enfin combler cette déplorable lacune, je voudrais sommairement envisager la méthode de composition si frappante et si démonstrative qui a dirigé les maîtres d'œuvres des XIIIe et XIVe siècles.

Il n'est pas, à ce propos, indispensable d'entrer ici dans une étude complète et détaillée de ces œuvres, mais j'espère, par le choix de certains exemples, faire saisir quelle action bienfaisante peut avoir cette période de l'art sur l'enseignement et sur la profession de l'architecte moderne, en habituant à raisonner, sans recourir, en quoi que ce soit, à l'imitation ou à la reproduction d'expressions architecturales qui, comme toutes celles qui sont derrière nous, ont fait leur temps et ne peuvent être utiles que par la constatation de leurs vérités ou de leurs erreurs.

C'est dans les édifices religieux que se sont faits les principaux efforts et particulièrement dans ceux des trois grandes écoles qui, après la transition du XIIe siècle, se sont constituées en Bourgogne, en Champagne et dans l'Ile-de-France ; je ne pénétrerai pas dans le domaine de l'archéologie, dont d'ailleurs je ne méconnais nullement la haute portée, mais j'aborderai, en toute indépendance, la question dans un sens directement utile à mon argumentation. Procéder autrement m'entraînerait trop loin et nuirait à la clarté de ce résumé. Je limiterai donc le champ des observations à un petit nombre de monuments dont

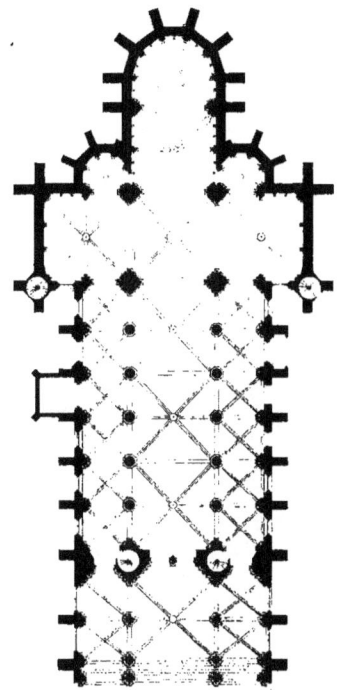

Fig. 37. — Eglise Notre-Dame de Dijon.
Plan.

l'analyse est particulièrement instructive, en ce qu'elle indique l'application de la méthode à des problèmes absolument nouveaux.

Prenons tout d'abord comme un exemple l'église Notre-

Dame de Dijon, dont la conception démontre péremptoirement le scrupule avec lequel l'architecte gothique étudiait, avant l'exécution, tous les détails de la structure suivant laquelle il entendait élever son œuvre (voir plan fig. 37 et coupe fig. 38). Pour tracer les piles, en déterminer la section et

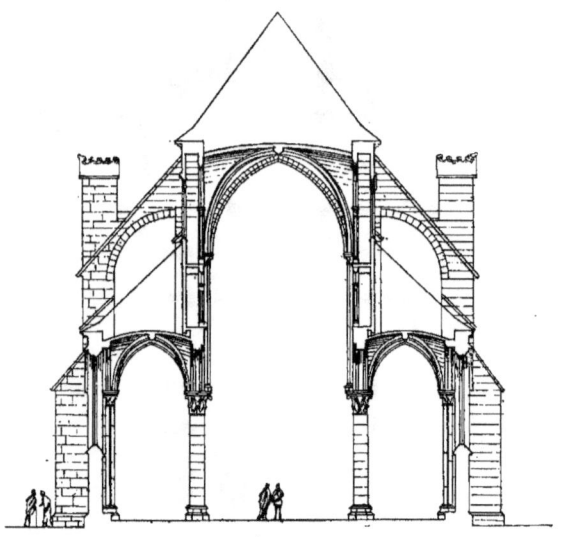

Fig. 38. — Notre-Dame de Dijon.
(Coupe).

la force, il partait de la voûte, dont la combinaison repose ici sur le système d'arcs d'ogives, formant les diagonales d'un carré recoupé, intermédiairement par un arc transversal, indiqué dans le tracé du plan.

Sur les chapiteaux des colonnes correspondant aux arcs doubleaux principaux, il établit trois colonnettes, tandis que sur la pile intermédiaire il n'en place qu'une. Chacun de ces éléments a sa fonction ; leur importance, leur section et leurs profils sont déterminés en raison du rôle que remplissent les arcs de la voûte. Au-dessus des collatéraux est ménagé un passage assurant dans tout l'édifice, au même niveau, une circulation intérieure. Au-dessus, un second passage permet la circulation,

Fig. 39. — Notre-Dame de Dijon.

nécessaire à l'entretien des fenêtres de la nef centrale. Une disposition particulière à la conception des églises bourguignonnes est ici appliquée d'une façon remarquable ; elle consiste en l'établissement des arcs formerets des voûtes hautes qui sont, contrairement à ceux des monuments de l'Ile-de-France, indépendants du mur et laissent dès lors intérieurement un espace fermé au sommet par des dalles de pierre constituant la corniche, qui, ainsi dégagée, ne peut causer aucune infiltration dans les maçonneries. Constatons, d'autre part, comment la largeur

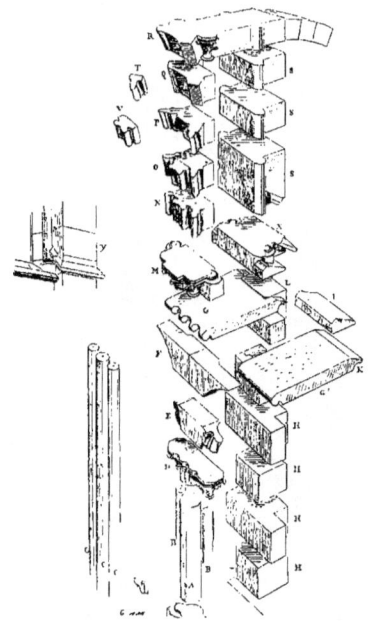

Fig. 40. — Notre-Dame de Dijon.

nécessaire au passage inférieur a été obtenue grâce à un système de corbeaux portant, du côté des collatéraux, des arcs qui se développent dans le sens longitudinal et reçoivent les dalles sur lesquelles se fait la circulation. La figure 39 indique en perspective ce moyen si ingénieux de construction appliqué dans d'autres édifices d'école différente, mais rarement avec une telle franchise et une telle correction. Ajoutons que, dans cet exemple, tous les éléments de la structure ont donné lieu à une précision surprenante, assurant leur juxtaposition absolue qui rappelle, avec des exigences ;bien autrement subtiles toutefois,

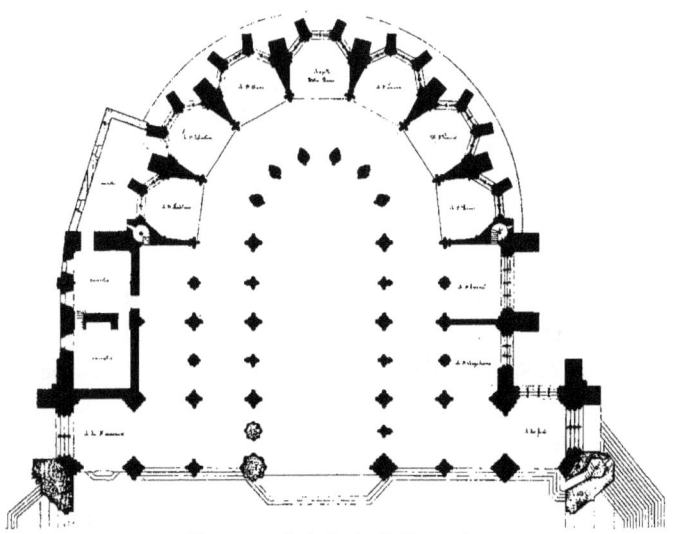

Fig. 41. — Cathédrale de Beauvais.
(Plan du chœur).

la méthode adoptée par les Grecs dans la combinaison des entablements des plafonds, et des portiques. Pour donner une idée de la conscience et du savoir apportés par l'architecte bourguignon, nous ne saurions mieux faire que de reproduire, d'après Viollet-le-Duc, le tracé analytique au droit d'une pile de la structure dont il s'agit (fig. 40).

Considérons maintenant la cathédrale de Beauvais qui marque l'apogée de la science et de la hardiesse des maîtres d'œuvres du moyen âge, dans les grandes manifestations de l'art religieux. C'est l'édifice le plus élevé et celui qui a présenté, de ce fait, le plus de difficultés et exigé le plus de savoir pour sa réalisation. La hauteur sous clef des grandes voûtes atteint ici 46 mètres, tandis qu'à Amiens elle n'est que de 42 mètres. De ce vaste monument il ne fut construit que le chœur; les transepts ont été élevés à une époque postérieure. Le plan de ce chœur est tout d'abord à considérer (fig. 41), car la disposition de ses parties inférieures a été faite en raison du mode de construction adopté, pour le maintien à une si grande élévation, des voûtes supérieures. Il faut à ce sujet signaler la structure des piles, séparant les chapelles et dont la faible section n'eût pu résister sans le secours des colonnes qui la limitent intérieurement et qui, monolithes et exécutées en pierre très résistante, constituent des piles incompressibles. Ces chapelles, voûtées à un premier niveau, se développent autour du déambulatoire, dont les voûtes établies, à un niveau supérieur, ont permis d'éclairer sous leurs formerets cette partie polygonale de l'église. Sur les piles intérieures et au-dessus des arcs du déambulatoire règne, comme à Dijon, un triforium dont la cloison de pierre est également portée en encorbellement; enfin sur les chapiteaux des grosses colonnes sont posées des colonnettes qui soutiennent les arcs de la voûte supérieure. Ici également, comme dans tous ces édifices gothiques, toutes les dispositions inférieures sont la conséquence des éléments des voûtes; il n'y a donc rien à signaler de particulier à cet égard. Mais ce qu'il importe d'envisager, c'est la difficulté qui se présentait pour maintenir en équilibre ces voûtes si élevées au-dessus du sol (voir la coupe transversale, fig. 42 et la vue extérieure fig. 43).

Le maître d'œuvre eut alors recours à deux arcs-boutants établis

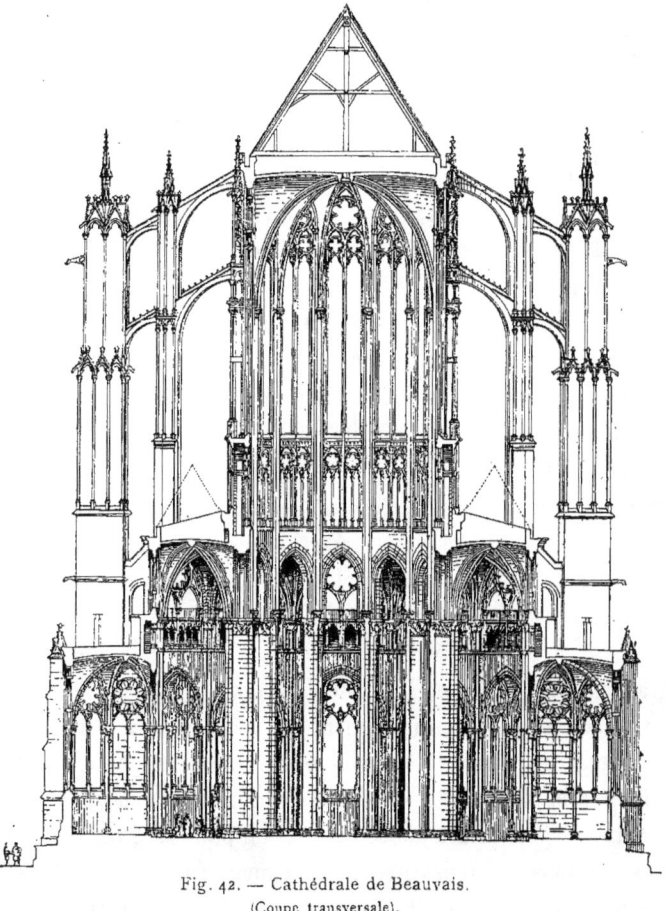

Fig. 42. — Cathédrale de Beauvais.
(Coupe transversale).

dans un même plan, mais séparés par une pile intermédiaire,

coupant en deux le grand espace qui n'aurait pu être franchi, sans danger, par un arc d'une seule volée; par des encorbellements il a d'autre part, tout en augmentant la force du contrefort extérieur, diminué la portée et fait supporter le poids vertical sur le point d'appui incompressible que fournit la colonne inférieure signalée ci-dessus. Mais entre les voûtes du déambulatoire et le sommet de l'arc-boutant placé au-dessus, il restait une partie verticale qui pouvait se déformer en raison de la délicatesse des piles séparant les baies supérieures. Là un renforcement était indispensable et devait être aussi peu pesant que possible. Pour résoudre ce problème délicat, on fit emploi de colonnettes formant un système raidisseur qui théoriquement donnait satisfaction, mais qui dans la réalisation fut insuffisant par suite de la qualité inférieure de la pierre employée. Certains désordres, en effet, se produisirent; il fallut y remédier en intercalant dans les travées parallèles du chœur une pile intermédiaire, sans troubler le caractère général de la composition première, et d'autre part remplacer les colonnettes brisées par des éléments plus résistants. Ces travaux furent opérés, après coup, avec une habileté extrême qui prouve combien étaient grandes la science et l'adresse des constructeurs à la fin du XIIIe siècle et au commencement du XIVe. Je ne m'étendrai pas davantage au sujet de la savante combinaison de cet édifice, dont Viollet-le-Duc a, dans son dictionnaire, exposé toute la théorie, mais je profite de cette occasion pour faire ressortir une fois de plus le puissant enseignement fourni par de tels exemples et avec quelle persévérance de raisonnement et de logique les hommes, auxquels sont dus de tels efforts, ont su aborder les problèmes de construction les plus difficiles, pour

Phot. Neurdein.

Fig. 43. — Cathédrale de Beauvais.
(Extérieur).

en tirer des expressions de beauté d'un caractère absolument nouveau. A cette audacieuse conception de la cathédrale de Beauvais se limitent, il est vrai, les hardiesses de l'art gothique, arrivé ici à son apogée, mais en somme il fallut que la science fût bien profonde pour que, malgré certains défauts d'exécution auxquels il a été possible de remédier d'ailleurs, un monument comme celui dont il s'agit ici soit toujours debout après une longue existence et capable de résister encore, pendant un temps dont rien ne fait prévoir la fin.

Une autre cathédrale, due à une conception analogue, mais cependant un peu moins haute, est celle d'Amiens, qui mérite également d'être étudiée et analysée, d'autant plus qu'elle est complète dans toutes ces dispositions et qu'elle n'a subi aucun désordre. Comme celle de Beauvais, elle offre le caractère définitif qu'avait fixé l'art vraiment gothique. A Chartres, à Reims, à Laon, à Notre-Dame de Paris, une influence romane se montre encore dans une certaine mesure; aussi en suivant cette filière, dès le début, l'observateur consciencieux peut-il se rendre compte des efforts successifs qui ont été faits avec une logique toujours appliquée sans défaillance. C'est en suivant ce développement si sincèrement poursuivi qu'il peut se rendre compte de ce qu'est l'art dans la construction et de la force créatrice que l'homme est susceptible d'acquérir lorsqu'il sait mettre au service de son génie toutes les ressources de son intelligence, de son esprit et d'une volonté persistante. Ne désespérons donc pas de notre époque et sachons profiter de ces admirables manifestations dues à notre race et qui sont encore debout, pour nous encourager à faire de nouveaux efforts.

Il n'est pas nécessaire, pour saisir la conception des églises gothiques, d'envisager d'autres exemples, en ce qui concerne les moyens employés pour les voûter, quelle que soit la variété des solutions dérivant d'un même principe; mais il importe d'appeler l'attention sur ce fait considérable que toutes ces créations sont fondées sur l'unité de structure, c'est-à-dire uniquement sur l'emploi de la pierre, dont la nature change toutefois, en raison des nécessités de résistance à la charge ou aux intempéries; le choix y est fait avec une conscience et un savoir dont on a perdu depuis longtemps le bénéfice.

En constatant cette unité de structure si complète dans la construction de l'église voûtée, il faut reconnaître cependant que le constructeur s'est trouvé dans l'impossibilité d'assurer l'étanchéité des parties supérieures et qu'il a dû recourir, en présence des exigences climatériques, à l'établissement de combles en charpente et de couvertures d'ardoises, de tuiles ou de plomb. Les Romains et les Byzantins, dans l'emploi des coupoles ou des voûtes, n'eurent pas besoin d'adopter ce moyen de préservation, car, non seulement en raison du climat, mais aussi du mode de structure s'appliquant à ces combinaisons de voûtes, il leur suffisait de recouvrir directement l'extrados. Les Gothiques ont compliqué leurs conceptions en créant un autre mode de construction, cela n'est pas douteux, mais ils ne pouvaient faire emploi de la brique, si ce n'est dans des régions très limitées, et ils ont forcément adopté celui des matériaux que le sol renfermait presque partout en abondance autour d'eux, c'est-à-dire la pierre.

Félicitons-nous de ce fait, car, grâce à lui, le génie français a non seulement développé la conception des édifices, mais en a fixé l'alliance avec la sculpture ornementale et la statuaire, particulièrement dans les magistrales solutions de nos cathédrales. Dans ces œuvres, l'homogénéité de la construction n'est pas solutionnée jusque dans les toitures, mais l'art gothique s'y est efforcé, et peut-être est-il réservé à notre époque de résoudre ce problème, si nous suivons les traces de nos devanciers en tenant compte logiquement des nouvelles ressources que nous possédons.

Quoi qu'il en soit, reconnaissons que les maîtres d'œuvre du moyen âge ont singulièrement approché de la solution. S'ils n'ont pas réalisé entièrement l'œuvre d'unité de structure que rendait impossible avec la pierre notre climat occidental, ils ont montré l'admirable parti qu'il est possible d'en tirer et ils ont fait faire un pas immense à la question d'économie de matière, qui est devenue la préoccupation capitale' de la science moderne.

Leur architecture présente d'admirables et ingénieuses combinaisons de pierre, autant dans les détails que dans les ensembles, et il y a entre tous les éléments un sentiment surprenant d'unité de composition. Rappelons le rôle des pinacles qui surmontent les contreforts, en augmentant leur résistance et en permettant de réduire la section de ces masses encombrantes ; les fenestrages, les roses si admirablement appareillées et venant garnir les intervalles des piles qu'entraînait le système d'équilibre gothique; les vitraux dont la beauté contribue tant à la décoration intérieure des édifices. N'oublions pas le caractère si expressif des arcs-boutants, si variés dans leurs formes et leurs dispositions; constatons leur utilité pratique pour l'écoulement des eaux, ainsi que celle de ces gargouilles dont le rattachement aux corniches est si habilement combiné, comme l'indiquent les figures 44 et 45. Il importe de connaître, en détail, tous ces moyens si bien compris pour éviter les infiltrations sur le parcours que les eaux pluviales prennent avant d'être rejetées au dehors. Ce point est tellement essentiel et démontre

Fig. 44. — Coupe sur un contrefort au droit d'une gargouille.

si nettement avec quelle conscience tout était prévu et étudié dans ces monuments de pierre, qu'il nous a semblé mériter d'être signalé et souligné exceptionnellement par une indication graphique.

Il nous faut aussi, comme nous l'avons fait pour l'époque romane, dire un mot des parties hautes des clochers qui ont pu, en raison de leurs surfaces limitées, être conçus et exécutés entièrement en pierre. Ces couronnements, qui s'élégissent singulièrement, sont, de ce fait, bien intéressants à étudier, et pour deux raisons. Premièrement lorsqu'il est nécessaire d'élever à

Fig. 45. — Gargouille vue de l'extérieur.

de grandes hauteurs des matériaux, il y a intérêt à en réduire le poids tant pour les facilités du montage que pour ne pas charger inutilement les parties inférieures ; en second lieu, ces ouvrages, si exposés à la pluie, doivent être disposés de telle sorte que les parois puissent rapidement sécher, résultat impossible à obtenir si elles sont épaisses. Pour faire voir jusqu'où on a poussé le scrupule à ce sujet, voici un exemple caractéristique qu'offre un clocher relativement modeste, celui de l'église de Rosporden

(Finistère). Le plan pris à la partie supérieure de la tour et la

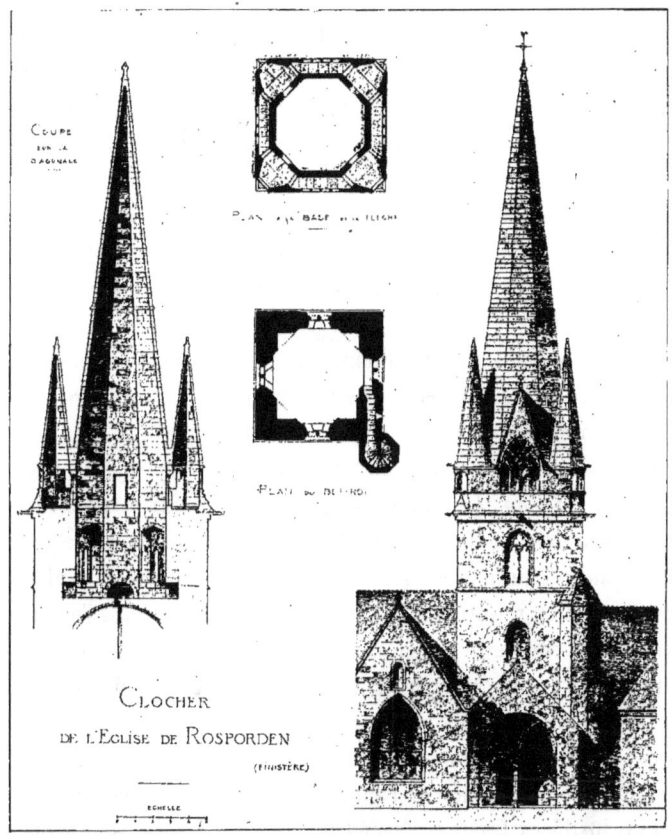

Fig. 46. — Eglise de Rosporden, Finistère.
(Clocher).

coupe (fig. 46) expliquent la disposition dont il s'agit. Comme on le voit sur ces deux figures, en contrebas de la flèche, l'épaisseur des murs est réduite grâce à l'établissement de deux cloisons de pierre, laissant entre elles un passage de circulation, et au-dessus de celui-ci, dans les quatre angles, sont établies quatre petites flèches complètement évidées, construites à l'aide de minces parois, parfaitement appareillées dès leurs bases et portées d'une façon fort curieuse par les parties du passage qu'elles surmontent. Il est facile de comprendre combien, dans une telle construction, l'air circule et vient assécher ces ouvrages, de sorte que l'eau pluviale, ne séjournant jamais, ne peut altérer les âmes vives de l'œuvre; aussi ce clocher est-il resté en parfait état de conservation.

Je ne parlerai pas davantage de ces ouvrages en hauteur, si habilement disposés et d'un effet pittoresque si monumental; je me contenterai de présenter dans la figure 47 et par comparaison les deux clochers de Chartres, l'un, d'un pur style roman, l'autre, d'un caractère nettement gothique dans sa partie haute, exécutée au xve siècle. Que de choses seraient encore à dire pour faire valoir l'immense effort du moyen âge dans ses édifices religieux et en montrer la haute portée éducatrice, mais j'en resterai là; il convient toutefois de mettre sous les yeux du lecteur la façade du transept de Saint-Maclou de Rouen (fig. 48), qui date de la fin du xve siècle et donne une idée des excès et des tours de force vers lesquels les architectes se laissèrent entraîner, lorsque la complication et l'abus de formes décoratives plus ou moins justifiées firent négliger l'application des principes et provoquèrent la déchéance progressive contre laquelle la Renaissance voulut réagir.

Il ne nous reste donc qu'à nous occuper maintenant de l'architecture civile et militaire, sans toutefois nous y arrêter long-

Fig. 47. — Cathédrale de Chartres.

temps. Au moyen âge, l'architecture civile a su trouver d'admirables solutions — répondant à des exigences nouvelles et multiples — dans les hôtels de ville, les palais, les hôpitaux, les

Fig. 48. — Transept de l'Eglise Saint-Maclou de Rouen.

halles, etc., et elle y a apporté le même esprit de méthode et d'invention qui est si frappant dans les monuments religieux. Ce qui leur donne un caractère spécial, c'est la préoccupation constante de répondre aux programmes posés, sans souci des soi-disant règles d'art, incompatibles avec les nécessités de distribution imposée ; c'est aussi le rôle limité de la symétrie gênante, inutilement coûteuse, et qui devint plus tard la source de tant d'erreurs, sans profit pour l'art vrai et sincère. De cette franchise daus la composition est née une expression architecturale, à laquelle le *grand siècle* avait reproché d'être plus pittoresque que monumentale, mais dont nous sommes bien forcés de reconnaître le mérite, les conditions des programmes — confort, économie — venant primer aujourd'hui, pour l'architecte, toute autre considération. Ce n'est d'ailleurs pas seulement dans les dispositions générales que les œuvres construites au moyen âge témoignent de l'esprit de logique et de vérité, mais c'est aussi dans le choix des éléments de construction dont la réunion assurait les résultats voulus. Il ne s'agissait pas alors bien entendu de procéder par unité de structure ; le bois notamment intervient d'une façon impérieuse dans la constitution des planchers et des combles, en se mêlant d'ailleurs à la maçonnerie, avec une indépendance remarquable en raison des conditions spéciales dans lesquelles ces deux matériaux doivent être associés librement et sans se nuire. C'est ainsi que le bois ne pénètre pas dans les murs de pierre, de moellon et de brique, mais porte sur des corbeaux saillants par encorbellement, comme le montre la figure 49 qui, en même temps, donne une idée précise de l'aspect toujours sincèrement décoratif de ces plafonds aux éléments apparents ; à eux seuls, dans leur combinaison logique, ils constituent un enseignement précieux, utile dans toute composition. Il en est de même des charpentes des combles, qui posent toujours librement sur les murs et ne doivent leur stabilité qu'à leurs combinaisons et à leur poids normalement réparti. Si de la charpente nous passons à la menuiserie, nous constatons l'application du même principe dans l'emploi du bois utilisé pour les portes, les lambris et les meubles.

Parmi les constructions civiles je rappellerai notamment

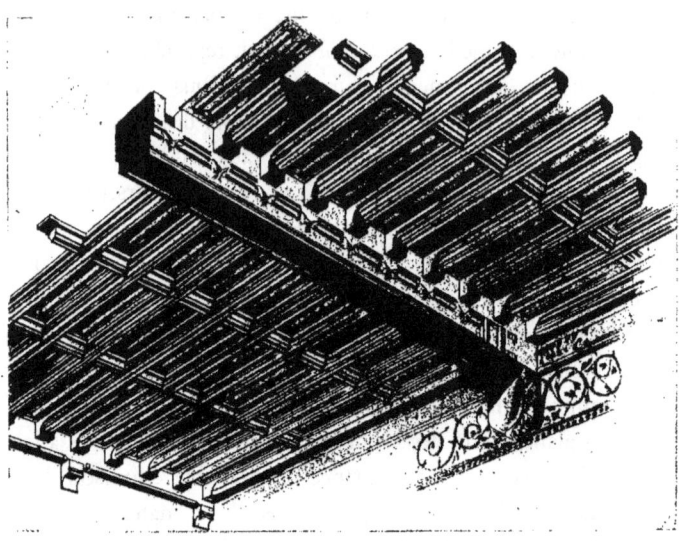

Fig. 49. — Plafond.

l'hôtel de Jacques Cœur à Bourges, l'hôtel du Musée de Cluny à Paris, mais je n'en fournirai pas ici les reproductions qu'on trouvera dans diverses publications, fort intéressantes à consulter et je me bornerai, pour fixer les idées, à présenter dans les figures 50 et 51 le petit château du Moulin situé en Sologne (Loir-et-Cher), que j'eus occasion de relever il y a une quinzaine d'années, alors que, quoique un peu délabré, il conservait toute la

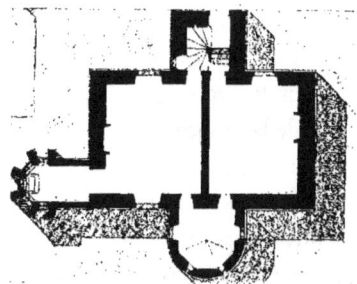

Fig. 50. — Plan du Château du Moulin
(Loir-et-Cher).

Fig. 51. — Château du Moulin.

saveur d'une charmante conception du xive siècle. Nombreux sont encore les manoirs et les hôtels de cette époque dans diverses provinces, en Bourgogne, en Normandie, particulièrement dans le centre de la France, en Auvergne, dans le Limousin. Nous n'y trouvons aucune utilité directe en ce sens que leurs distributions sont absolument d'autre nature que celles réclamées aujourd'hui; nous n'y trouvons pas non plus des motifs de portes, de fenêtres, de corniches, de toiture etc., qu'en général les dimensions de nos habitations, ainsi que nos ressources, toujours restreintes, ne nous permettent pas d'adopter, mais ce qui est à observer ou à prendre pour guide, c'est l'ordre d'idées qui, avec le sentiment de l'art, a engendré tant d'œuvres pleines d'esprit et de charme. Puissions-nous voir revenir, en faveur de l'architecture moderne, un tel état de choses aussi satisfaisant dans la technique que dans l'esthétique et toujours applicable, quels que soient les matériaux.

Peut-être aurait-il convenu de placer immédiatement ici ce qu'il y a à dire sur la Renaissance française, cependant il m'a paru nécessaire d'envisager tout d'abord la Renaissance italienne, afin de préciser l'influence qu'elle a eue en France aux xvie, xviie et xviiie siècles.

VII

LA RENAISSANCE

EN ITALIE

La Renaissance commence au xve siècle en Italie, c'est-à-dire un siècle avant qu'en France on songeât à une rénovation des formes de l'architecture et, il importe de le dire tout d'abord, il ne s'agissait nullement alors, de l'autre côté des Alpes, de revenir aux principes directeurs de la construction et de ramener les esprits vers le rationalisme qui avait guidé l'antiquité et le moyen âge ; l'apparence seule préoccupait. Souverains, princes et papes entraînèrent les artistes vers un art nouveau, qu'on prétendait obtenir en s'inspirant de l'antiquité romaine dont on étudiait surtout les éléments décoratifs. Cependant au début on voit certains architectes et, notamment Brunelleschi, s'attacher à l'ordre d'idées qui avait dirigé les constructeurs de l'Empire romain dans la conception et l'exécution des grands édifices voûtés. Le dôme de Sainte-Marie des Fleurs de Florence (fig. 52) dû à cet artiste, est une œuvre d'une importance considérable, dont les dimensions en plan (fig. 53), sont à peu de chose près, celles de la coupole du Panthéon d'Agrippa à Rome.

La disposition n'est pas la même, en ce sens que le dôme s'élève sur la forme polygonale, et non circulaire, comme celle adoptée

Fig. 52. — Sainte-Marie des Fleurs. (Extérieur).

généralement par les Romains; le système de construction est également différent, mais l'inspiration générale n'en est pas moins certaine. Une élévation, relativement beaucoup plus importante, a été donnée à ce dôme, afin d'assurer la résistance des grands arcs en briques qui sont établis aux angles du polygone et sont reliés entre eux par deux murs de faible épaisseur, constituant une solidarité de cloisonnement, — ce qui a permis, sans com-

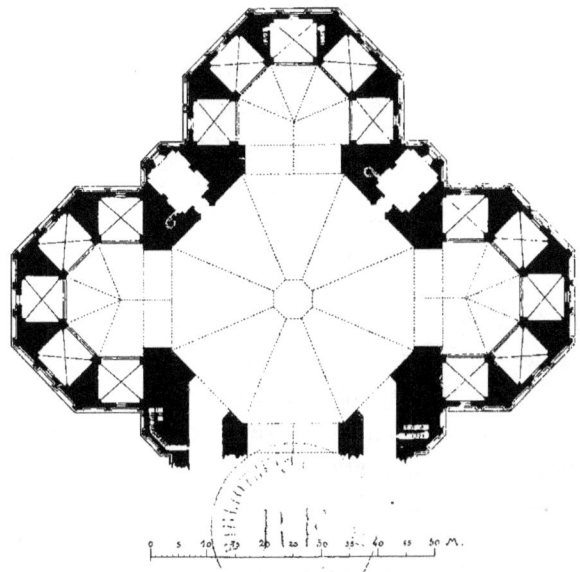

Fig. 53. — Dôme de Sainte-Marie des Fleurs à Florence.
(Plan).

promettre la solidité, bien au contraire, d'économiser la matière et surtout celle de la main-d'œuvre, considération de premier ordre, lorsqu'il s'agit, comme ici, de monter les matériaux à une si grande hauteur. Dans la coupe faite sur l'ensemble de l'œuvre et que représente la figure 54, on peut se rendre compte de l'unité de composition générale et en même temps du mode de structure qui rappelle, avec toutefois une solution différente, la combinaison romaine par les évidements entre les arcs[1]. Brunelleschi ouvrait donc une voie nouvelle en s'appuyant sur un point de départ donné par la construction, et rompait nettement avec les erreurs auxquelles le moyen âge avait entraîné l'Italie. Les principes admirables de l'art français n'y avaient jamais été compris; les arcs-boutants étaient remplacés par des tirants en fer destinés à maintenir la poussée des voûtes; les formes, n'obéissant à aucune direction raisonnée, n'avaient produit qu'incohérence et banalité. Cette rénovation toutefois ne répondait pas, dans sa simplicité relative, aux goûts de luxe qui dominaient alors et elle n'eut pas de conséquences; on ne saurait, en tout cas, considérer le dôme de Saint-Pierre de Rome comme étant une continuation de la pensée architectonique qui avait guidé l'architecte florentin. Cette conception de Michel-Ange a sa beauté apparente, mais elle ne repose pas sur un système de construction raisonnée et recommandable, car ce n'est que grâce à une ceinture de fer, qu'il faut perpétuellement resserrer, qu'on empêche l'aggravation des désordres qui se sont produits dans cette vaste coupole de pierre. Quoi qu'il en soit, pour revenir à la première période de la renaissance italienne, on constate, sinon dans les monuments religieux, du moins dans certains édifices civils, des efforts qui sont intéressants, notamment au Palais Strozzi à Florence. Sans être un modèle de construction rationnelle, cet exemple indique une préoccupation de la structure, particulièrement dans les baies, ainsi que

---

[1]. Pour les esprits curieux de bien comprendre la conception de structure du dome de Florence, je leur signalerai l'existence, dans un local de l'édifice, d'un modèle en relief et exécuté en bois qui renseigne précieusement à cet égard.

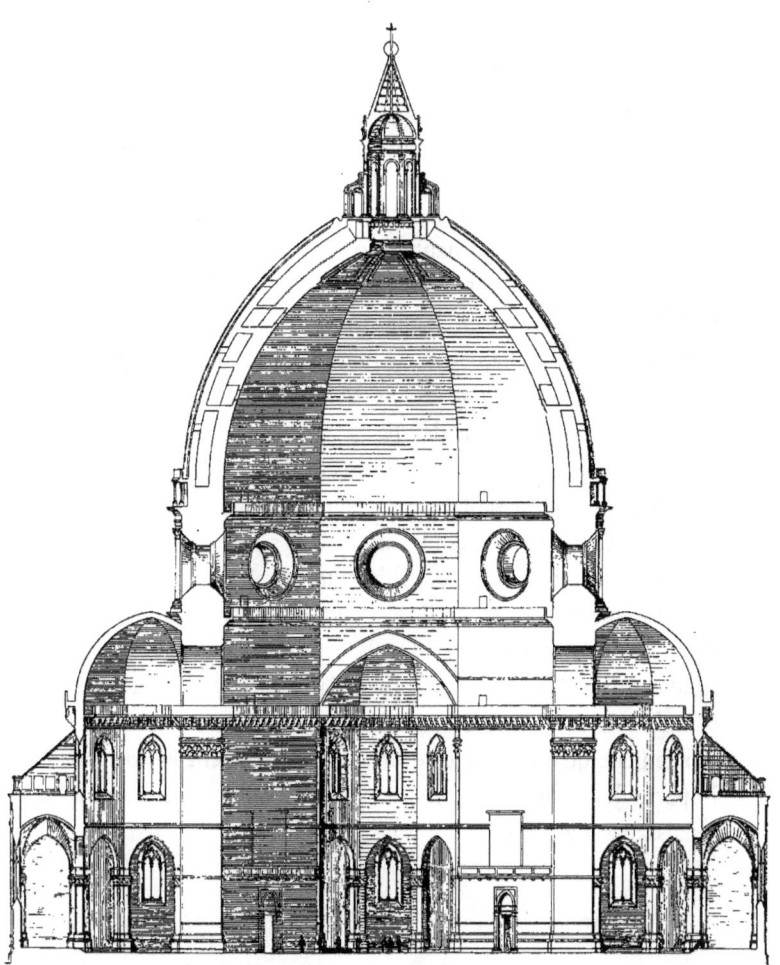

Fig. 54. — Dôme de Sainte-Marie des Fleurs.
(Coupe).

dans la puissante corniche qui surmonte l'ensemble. L'organisme des éléments est voulu et cherché avec complication,
mais sans le secours de procédés décoratifs dus à l'imitation des
ordres antiques, dont l'application ne tardera pas, avec Bramante,
à constituer l'unique objectif des architectes italiens. On ne
saurait méconnaître la préciosité et le sentiment des formes dans
les détails de cet art bramantesque, mais ses efforts se réduisent
à des exercices d'ordres, se résument en des résultats qui sont
suggérés par l'imitation et que n'inspire aucune pensée véritablement architectonique. Ce qu'il a produit, sauf quelques
exceptions, est purement architectural ; les architectes sacrifient
tout besoin, même celui des baies d'éclairage, aux lignes extérieures ; aussi, est-il certain que sans le secours de l'ornementation fournie par la sculpture, la peinture et les éléments décoratifs de toute nature dont l'art italien s'honore à juste titre,
l'œuvre proprement dite d'architecture paraîtrait fort réduite. Il
est également certain qu'il y a un désaccord complet entre
l'ordre d'idées qui a dirigé l'architecture en France et celui de
l'Italie, et que l'influence de celle-ci dans notre pays a été fatale ;
toutefois le mal ne s'est pas produit aussi nettement et aussi
rapidement qu'on semble le croire généralement et comme il
importe de le constater dans les pages suivantes consacrées à la
renaissance française.

EN FRANCE

Avant que Charles VIII, Louis XII et François Ier eussent
rapporté d'Italie la mode d'emprunter aux œuvres de la Renaissance de ce pays le caractère de riche ornementation qui les avait

éblouis et avant d'attirer chez nous des architectes italiens, il s'était produit, en France, un mouvement de réaction contre les erreurs et les abus de l'art gothique, dont la déchéance s'affir-

Fig. 55. — Eglise de la Ferté-Bernard (Sarthe).
(Vue perspective de la voûte).

mait chaque jour davantage, à la fin du XVe siècle, par des tours de force qui torturaient la matière et détruisaient tout sentiment de vérité. De plus leur exécution était livrée à des corporations n'obéissant plus à l'autorité des maîtres d'œuvres, avec cette discipline et cette direction si remarquables et si puissantes des XIIIe et XIVe siècles. En cherchant, au commencement du XVIe siècle, à arrêter cette décadence, les réformateurs ne voyaient

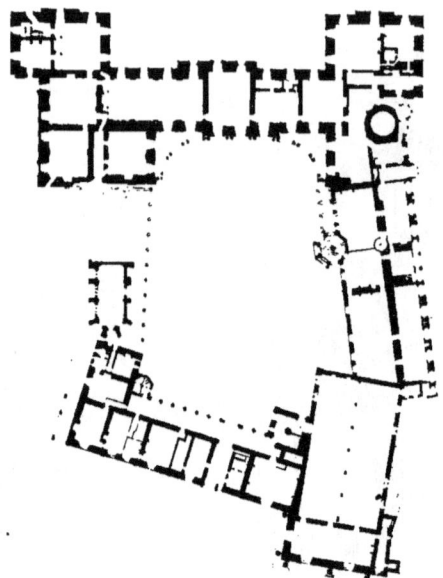

Fig. 56. — Château de Blois.
(Plan).

pas uniquement, comme en Italie, une question de formes nouvelles, ils n'abandonnaient pas les principes de la construction qui avaient, de longue date, dirigé les militants de l'architecture ; aussi une véritable renaissance purement nationale tendit-elle à se manifester. Nous en avons la preuve dans de nombreux édifices civils, sinon dans les églises dont la sage et

Fig. 57. — Château de Blois.
(Vue d'ensemble sur la cour).

Phot. Neurdein.

magistrale éclosion était épuisée. Je ne m'arrêterai pas à celles-ci, si ce n'est pour constater à Saint-Eustache de Paris, à Saint-Pierre de Caen, etc., que l'ossature reste gothique, mais se recouvre d'un nouveau vêtement, d'ailleurs peu intéressant et

Fig. 58. — Point d'appui Louis XII au château de Blois.

plus ou moins approprié. Il est cependant une tentative à signaler pour son originalité dans l'église de la Ferté-Bernard (Sarthe), où les arcs diagonaux se croisant portent non plus des voûtes, mais des plafonds de pierre par l'intermédiaire de tympans ajourés, dont les éléments utiles sont constitués au moyen de

Fig. 59. — Château de Blois.
(Escalier de François I*er*).

petites colonnettes, diminuant de hauteur au fur et à mesure qu'elles se rapprochent du sommet (fig. 55). Au niveau supérieur, sous prétexte sans doute d'obtenir une solidarité (qui est surtout théorique) entre les arcs, mais plus vraisemblablement

Fig. 60. — Château de Blois.
(Encorbellement).

pour rappeler un peu l'effet des voûtes, il est établi une couronne d'aspect riche qui fournit un motif original. Au-dessus de ces dispositions est posé le plafond, dont malheureusement les dalles sont accusées par des compartiments ne correspondant pas aux joints. Ce fait prouve bien que, malgré la tradition, non perdue encore, de la structure raisonnée, il s'introduisait une tendance fâcheuse, qui conduisait à l'abandon de l'esprit de sincérité, jadis si puissant. Quoi qu'il en soit, une telle solution n'était applicable qu'à des portées restreintes et elle n'était pas une modification fondamentale. Aussi elle ne fut imitée que fort peu ; toutefois on en retrouve l'application dans l'église de

Fig. 61. — Château de Blois.
(Corniche).

Tillières (Orne), qui est à citer particulièrement. C'est donc du côté des constructions civiles qu'il faut porter nos regards pour saisir les efforts de rénovation et en même temps la résistance opposée aux importations de l'Italie.

Au château de Blois (voir plan fig. 56 et la vue d'ensemble

fig. 57), notamment dans la partie Louis XII, se manifeste un caractère nouveau dans les détails, profils et ornementation qui sont parfois en parfait accord avec les éléments de la construction, laquelle n'a pas varié dans son principe, mais s'est prêtée à des combinaisons nouvelles. Signalons à cet égard l'encorbellement, sur une pile centrale conçue de façon très originale pour porter les arcs en faisceau, d'une voûte dans la salle des gardes au rez-de-chaussée (voir fig. 58). Remarquons aussi le grand escalier de cette partie du château, mais aussi et surtout l'escalier François Ier, dont la figure 59 montre en perspective

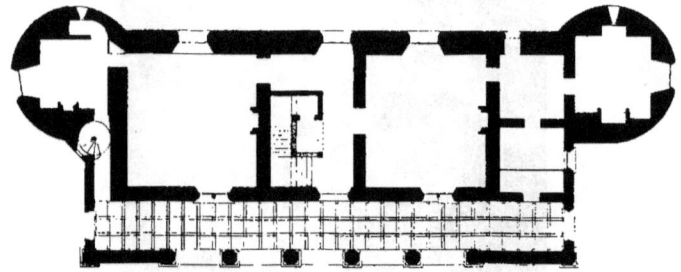

Fig. 62. — Château de Dampierre (Charente-Inférieure).
(Plan du Rez-de-Chaussée).

la disposition et la combinaison de structure intérieure; observons les encorbellements des balcons de la Place Saint-Vincent (fig. 60) dont l'appareil particulier a conduit à un motif des plus remarquables, ainsi que pour la corniche (fig. 61). Il serait facile de multiplier les exemples, mais ceux indiqués ci-dessus suffisent, pour permettre au lecteur de reconnaître que l'influence italienne est sinon nulle, du moins fort limitée, dans bien des cas.

Au fur et à mesure que les rapports entre les deux pays s'accentuent et se multiplient, les ordres tendent à s'introduire, mais ils sont employés tout d'abord avec une entière liberté, et ne troublent pas les dispositions apparentes, toujours soumises aux exigences des distributions intérieures. Ces ordres ne sont pas astreints au système modulaire, et n'obéissent à aucune pré-

Fig. 63. — Château de Dampierre (Charente-Inférieure).
(Elévation).

tention monumentale ; en un mot ils n'entravent pas l'indépendance de l'esprit français qui sait, malgré tout encore pendant un certain temps, conserver sa sincérité et ses qualités d'invention. Ce fait se constate non seulement sur les bords de la Loire, mais en Normandie, en Bourgogne, dans le centre et dans le midi de la France.

A ce propos il importe de faire saisir à quelle résistance se heurtait l'importation italienne. Tout en acceptant forcément une nouvelle direction dans le style décoratif, le vieil esprit français se retrouvait dans certains détails, avec une très curieuse préoccupation de la structure et la volonté de l'affirmer, tout au moins là où l'imitation des formes n'intervenait pas. Dans le petit château de Dampierre, Charente (voir les fig. 62 et 63), nous trouvons un exemple frappant de cette fusion de deux modes d'expression très différents. On observera d'abord, en ce qui concerne l'ensemble, que les ordonnances des deux portiques superposés sont dues à des arcades sur colonnes qui sont d'assez originale disposition, mais d'un caractère massif, peu raisonné ; ce qui l'est encore moins, c'est la partie inférieure des colonnes du rez-de-chaussée, dont les piédestaux ont une forme et des profils bien peu en rapport avec la nécessité de circulation. Cette erreur est la conséquence du procédé d'imitation et cependant, dans cette même façade, nous voyons sur les parements non décorés, s'affirmer un mode d'appareil qui est d'un bon effet et correspond à la structure rationnelle des éléments de la galerie, séparant les deux étages de portiques. La figure 64 montre une ingénieuse disposition d'arcs dont la rigidité est assurée par la pénétration de ses sommiers dans l'épaisseur du mur. Comment concilier cette spirituelle solution avec la faute grave commise dans le pied des colonnes ? En tout cas, elle montre bien comment, pour des motifs bien futiles, la raison a cédé le pas à la manie de l'effet décoratif, d'ailleurs le moins heureux. Ce cas n'est, hélas, pas isolé, car nous retrouvons cette déplorable disposition dans les colonnes de toutes les églises de la Renaissance. Que devient, dès lors, cette préoccupation des Égyptiens, des Grecs et des Gothiques qui les avait amenés à simplifier les bases, sinon à les supprimer parfois, pour résoudre le problème délicat de la circulation. L'art ne résidait pas uniquement, pour eux, dans la satisfaction des yeux et ils savaient concilier la beauté avec le bon sens. Si j'ai insisté sur l'exemple significatif que présente le petit château de Dampierre, c'est qu'il vient singulièrement à l'appui de la thèse soutenue ici, qui tend à prou-

Fig. 64. — Château de Dampierre.
(Structure de la galerie).

ver la nécessité de revenir à des principes, dont la Renaissance a fait si bon marché, nous entraînant à sa suite dans une voie déplorable.

Quoi qu'il en soit, il vint un moment où, pour subir plus directement l'influence de l'art italien nos architectes franchirent les monts, et allèrent eux-mêmes puiser à la source de l'antiquité. Philibert de l'Orme fut du nombre, et un de ceux qui s'écartèrent cependant le moins du sentiment français, dont il était imprégné plus par atavisme, que par la connaissance raisonnée des édifices du moyen âge. C'est à lui, en grande partie, qu'est due l'étude plus délicate des ordres, leur application dans le sens monumental aux édifices français de cette seconde partie de la Renaissance ; toutefois il conserva, dans une certaine mesure, le respect de la structure et il l'a prouvé notamment et très brillamment dans la composition des colonnes à tambour du Palais des Tuileries, élevé au XVIe siècle (voir fig. 65). Dans ce même ordre d'idées, je ne saurais manquer de signaler et de reproduire la fontaine de Tours, due à Michel Colomb (fig. 66), dont la composition, basée sur le principe d'appareil franchement accusé par la forme est un exemple fort remarquable des efforts faits au commencement du XVIe siècle. Malgré tout, le système des ordres s'établissait dorénavant chez nous et devait nous conduire dans une voie actuellement sans issue pour la réalisation des tendances et des exigences modernes.

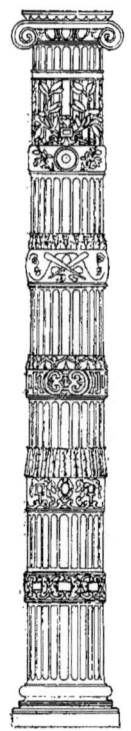

Fig. 65. — Palais des Tuileries. Colonne de Philibert de l'Orme.

Mais avant de chercher à démontrer la vérité de cette affirmation, il est nécessaire de nous rendre compte des conséquences qu'eut sur le xviie et le xviiie siècle la préoccupation constante de tout subordonner à ce système d'imitation, détruisant lentement et sûrement non seulement tout esprit de recherche et d'initiative, mais aussi parfois le bon sens.

Faut-il faire remonter à la Renaissance la responsabilité de

Fig. 66. — Fontaine à Tours.

cette déchéance ? Assurément, si on envisage cette période dans son ensemble, mais il importe cependant de mettre à part, — comme nous l'avons vu — les époques de Louis XII et de François Ier, pendant lesquelles on s'efforça d'appliquer les principes du moyen âge à des conditions et à des exigences nouvelles. C'était alors une Renaissance vraiment nationale, tendant à rénover les formes, sans recourir à l'imitation et sans abandonner leur accord avec la structure. Mais cette voie fut rapidement fermée sous Henri II et ses successeurs, qui puisèrent, dans les œuvres italiennes, le goût du monumental et de l'apparat, attirèrent en France des architectes étrangers n'ayant jamais eu aucun souci de la construction dans la composition architecturale, et imposant à leurs confrères français, qu'ils traitaient de maîtres-maçons, des conceptions absolument irrationnelles.

C'est en suivant cette singulière évolution qu'on se rend compte des causes qui, petit à petit, ont détruit l'esprit national, resté si puissant pendant la période gothique. Certains confrères, certains amateurs se demandent aujourd'hui si cette époque de la première Renaissance ne pourrait pas nous être utile pour renouer les anneaux de la chaîne brisée depuis trois siècles. C'est là une erreur qui a déjà conduit à reproduire uniquement des ensembles et des motifs empruntés aux châteaux, palais et habitations du temps de Louis XII et de François Ier. On ramènera, il faut l'espérer du moins, la saine raison et la vérité dans l'architecture contemporaine, mais par d'autres moyens. Pour tirer quoi que ce soit de l'effort fait par la première Renaissance, il faudrait être en face des mêmes programmes et de procédés de construction analogues. Tel n'est pas notre cas. L'effort actuel est de toute autre nature, et il doit être fait en toute indépendance du passé. La tâche est dure, mais combien stimulante ! En tout cas ne nourrissons pas le vain espoir d'une renaissance antique ou d'une rénovation moyenageuse dans les formes.

VIII

L'ARCHITECTURE
AUX XVIIᵉ ET XVIIIᵉ SIÈCLES

Une fois admis, l'usage irraisonné des ordres devait fatalement aboutir à des ordonnances qui, en se répétant sur des édifices absolument différents des édifices antiques où elles avaient pris naissance, enfermaient l'architecture dans des lignes verticales et horizontales, dont elle aurait à subir la rigueur, au détriment de toute distribution utile. C'est ce qui arriva sous la monarchie des xviiᵉ et xviiiᵉ siècles. Dès lors l'application décorative des ordres détermine la largeur et le nombre des travées fixées extérieurement, sans souci de ce qui se passe à l'intérieur. Une pièce correspond alors à une ou plusieurs travées, quelles que soient les dimensions qui lui conviendraient réellement ; en hauteur, il en est de même et un simple cabinet atteint la même élévation qu'un grand salon, ou une vaste galerie, les baies ont partout la même surface et la même disposition. Que dans un portique entourant un temple l'écartement des points d'appui fût uniforme, cela était logique, mais appliquer cette uniformité à des bâtiments de plusieurs étages, destinés à l'habitation, c'était renoncer au plus élémentaire bon sens, faire entrer l'architecture dans une voie qui aboutissait à des erreurs de toute nature, surtout au gaspillage de ressources susceptibles d'être mieux employées au bénéfice de l'art lui-même. Que Louis XIV et ses successeurs n'y aient pris garde, occupés de satisfaire leurs besoins de faste, c'est fâcheux, parce qu'ils ont donné le mauvais exemple, mais que l'on prétende baser l'éducation des architectes, comme on le fait encore aujourd'hui, sur de telles données, c'est une faute grave dont le temps présent supporte les désastreuses conséquences. Conservons les palais de Versailles et autres comme un décor et un souvenir historique, mais ne les donnons pas comme des exemples à suivre ; je sais bien qu'on ne prétend rien imposer absolument à cet égard, mais on laisse la jeunesse s'exercer au contact de cette architecture, sans lui en montrer les erreurs et le danger, et, au fond, c'est de ces édifices somptueux et qui ne sont plus de notre temps, que s'inspirent les élucubrations des projets de grand prix et autres, sous la direction de l'enseignement officiel.

Qu'on les analyse attentivement, et on se rendra compte, indépendamment des errements singuliers suivant lesquels ils ont été conçus, des moyens déplorables et mensongers qui ont servi à leur réalisation. Un exemple nous est fourni par le château de Maisons-sur-Seine, célèbre à divers égards, et actuellement fort admiré dans son aspect monumental et séduisant, — que je ne conteste pas d'ailleurs.

Mais à quel prix fut obtenu ce résultat, c'est ce qu'il importe de révéler. Ici le pittoresque s'allie au monumental et le jeu des combles remplace l'effet monotone des terrasses, mais cette disposition est en complet désaccord avec le plan, comme le fait voir la comparaison de celui-ci (fig. 67) avec la façade reproduite figure 68. En vain sur ce plan trouverez-vous les murs transversaux que semble exiger l'accusatif du grand pavillon central; ils n'existent pas, car ils eussent singulièrement gêné la distribution intérieure de la partie gauche, renfermant un grand salon, que

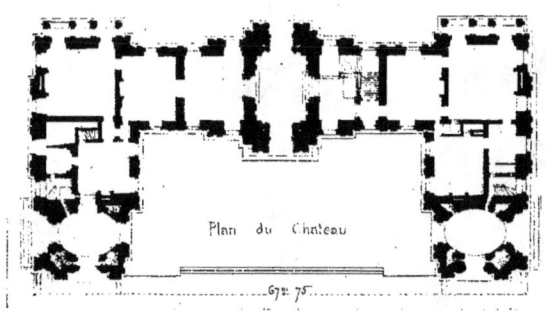

Fig. 67. — Château de Maisons-sur-Seine.
(Plan).

l'extérieur n'indique nullement, et eussent empêché, à droite, l'établissement d'un escalier qu'on ne soupçonne pas. Il y a donc là un gros mensonge architectural qui a été racheté par d'énormes poutres dans le plafond supérieur, portant les extrémités de ce pavillon central. Mais, dira-t-on, sans cet artifice, le mouvement de la façade et l'effet du grand comble ne se produiraient pas, c'est vrai; mais alors que devient avec un tel raisonnement la vérité dans l'art, et si on prend désormais si facilement son parti de la négation de ce principe fondamental, sur quelles bases peut être établi l'enseignement de l'architecture ? La vérité dans l'art ne peut être obtenue que par la liberté, contenue par la logique et la sincérité, aussi tout moyen de composition doit-il être soumis à cette loi. C'est pourquoi le moyen adopté par Mansard au château de Maisons, et qui n'est pas un exemple isolé, ne peut être que déroutant et dangereux.

Un autre exemple bien caractéristique de la façon, dépourvue de franchise, suivant laquelle on composait alors un édifice,

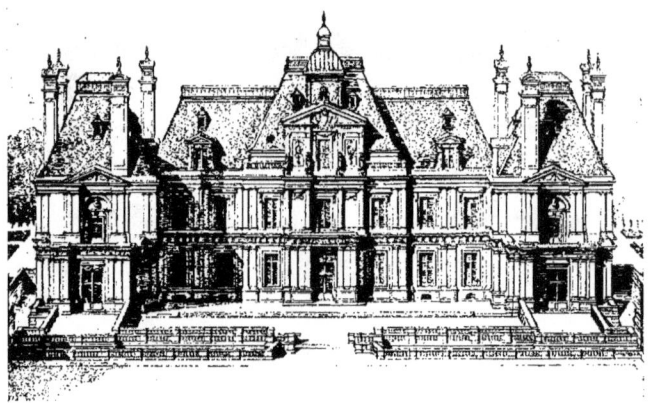

Fig. 68. — Château de Maisons-sur-Seine.
(Elévation extérieure).

c'est le dôme des Invalides dont la coupe (fig. 69) montre la disposition intérieure. Dans cette conception qui a donné assurément une fort séduisante silhouette, l'architecte n'a obtenu cet effet qu'à l'aide de deux coupoles superposées, dont l'une, apparente, dissimule totalement à l'extérieur l'existence de l'autre. Si encore le mode de construction eût rendu solidaire ces deux parties, en vue de la solidité de l'ensemble, comme dans le dôme florentin de Sainte-Marie des Fleurs, alors que l'aspect eût été modifié, la sincérité y eût trouvé son compte. Ainsi donc la raison n'a rien à faire dans cette période de l'architecture et,

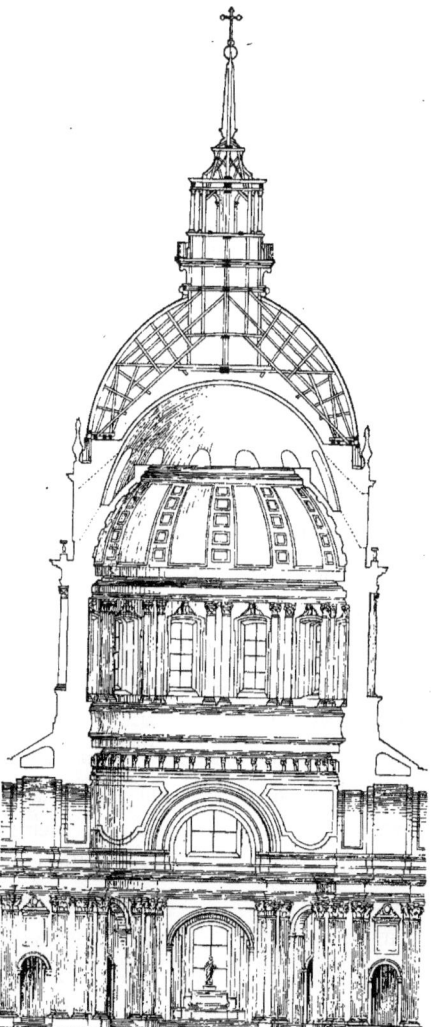

Fig. 69. — Dôme des Invalides. (Coupe).

pourvu que l'effet voulu soit produit, on approuve sans discuter. On ne saurait cependant admettre, en fait d'art, qu'on ne peut obtenir la satisfaction des yeux que par des moyens mensongers et déraisonnables. C'est pourquoi l'enseignement n'a à demander à l'architecture que ce qu'elle a produit dans les époques de l'antiquité et du moyen âge, sous l'influence de principes dont la vérité apparaît au fur et à mesure qu'on considère les œuvres des périodes où ces principes furent abandonnés.

A propos de ce dôme des Invalides, l'occasion se présente de faire d'autres remarques, relatives non plus à sa silhouette, mais à ses parties inférieures et d'observer combien ces énormes bases de pierre sont, en ce qui concerne les nécessités de la construction, en disproportion singulière avec les charges relativement faibles qu'elles supportent. C'est encore là une question d'effet décoratif qui a amené l'architecte à créer ces avant-corps inférieurs surtout à l'extérieur, pourvus d'une quantité de colonnes inutiles; ce qui n'est justifié que par la présence des ordres sur lesquels la composition est basée, sans autre préoccupation que celle d'un effet soi-disant monumental.

Examinons maintenant la combinaison sur laquelle repose la conception de la chapelle du château de Versailles, dans laquelle apparaît si bien le manque de raisonnement des architectes du XVIIe siècle; le plan (fig. 71), l'allure générale, extérieurement du moins (fig. 72), sont dus évidemment à une inspiration d'un monument gothique français. A l'intérieur (fig. 73), cette impression est moins vive, mais subsiste néanmoins, malgré une transformation étrange des formes, grâce à l'intervention d'un ordre dans les plates-bandes appareillées remplaçant les arcs (fig. 73). Au-dessus sont établies des voûtes

Fig. 70. — Dôme des Invalides.
(Vue extérieure).

à larges pénétrations, se rapprochant du système des arêtiers. Au droit des colonnes de l'ordre corinthien, des arcs, franchissant le collatéral supérieur, reportent soi-disant la poussée des

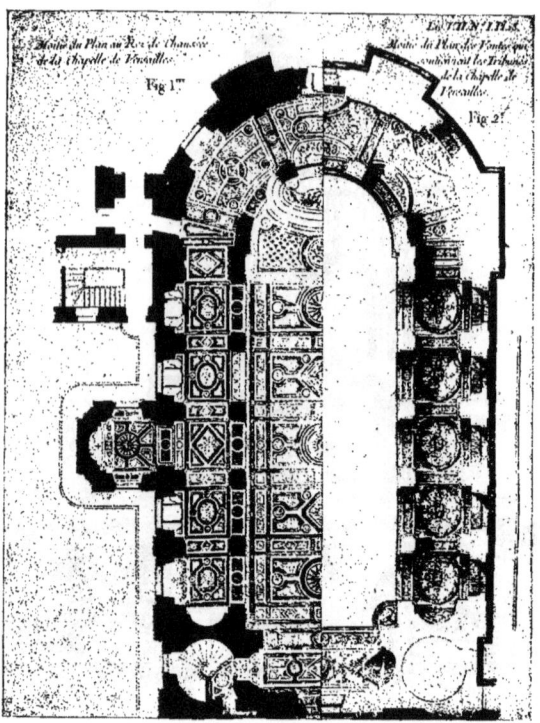

Fig. 71. — Chapelle du château de Versailles.
(Plan à deux étages).

voûtes sur des contreforts qui reçoivent, à leur partie supérieure, des massifs évidés par des ouvertures cintrées et qui remplacent l'arc-boutant gothique. Qu'est devenu dans tout cela

Fig. 72. — Chapelle du château de Versailles.
(Vue extérieure).

le système d'équilibre et d'élasticité dû à l'emploi des arcs por-

Fig. 73. — Chapelle du château de Versailles.
(Coupe transversale).

tant les voûtains de remplissage, et comment comprendre la mentalité à laquelle a obéi l'auteur? D'autre part que dire des admirateurs de cette hybride composition qui la déclarent un chef-d'œuvre d'architecture et qui manifestent également leur admiration à la Sainte-Chapelle du Palais de Justice, ou à celle du château de Vincennes ? N'est-ce pas déconcertant ?

Il ne s'agit pas ici de savoir s'il faut préférer le caractère antique à celui du moyen âge, la ligne droite à la ligne courbe ; ce qu'il importe de voir pénétrer dans les esprits, c'est que la valeur d'une œuvre d'architecture résulte non des formes qu'on lui impose sans discernement, mais du système de structure et des combinaisons d'éléments organiques utiles. Sans cet accord avec les formes, celles-ci n'appartiennent pas à l'art magistral et émotionnant de l'architecture, qui n'a que faire de décorations inexplicables.

Dans bien d'autres monuments religieux du xviie ou xviiie siècle, et notamment à Saint-Sulpice de Paris, on constate également l'inspiration, en plan, des églises françaises du moyen âge (fig. 74). Dans ce cas l'ordre n'est plus indépendant, mais à l'instar des Romains il encadre des arcades séparant la nef centrale des bas côtés ; le système est d'apparence plus raisonnable, mais il n'est guère plus raisonné dans ses éléments de construction, qui sont tous, piles, voûtes, contreforts, etc., d'une inutile lourdeur. Ajoutons que ce n'était vraiment pas la peine de faire un emploi si considérable de pierre pour ne pas en tirer un meilleur effet ; je ne soutiens pas qu'en adoptant le plan français, il fallait en admettre les conséquences en élévation, comme la logique l'aurait indiqué, mais on devait tout au moins ne pas abâtardir l'œuvre première, arriver à des excès de matériaux aussi inutiles, comme de donner aux piles de Saint-Sulpice, n'ayant à porter que des voûtes dont la clef ne dépasse pas

20 mètres au-dessus du sol, la même surface de section que celle des points d'appui intérieurs de la cathédrale d'Amiens, où

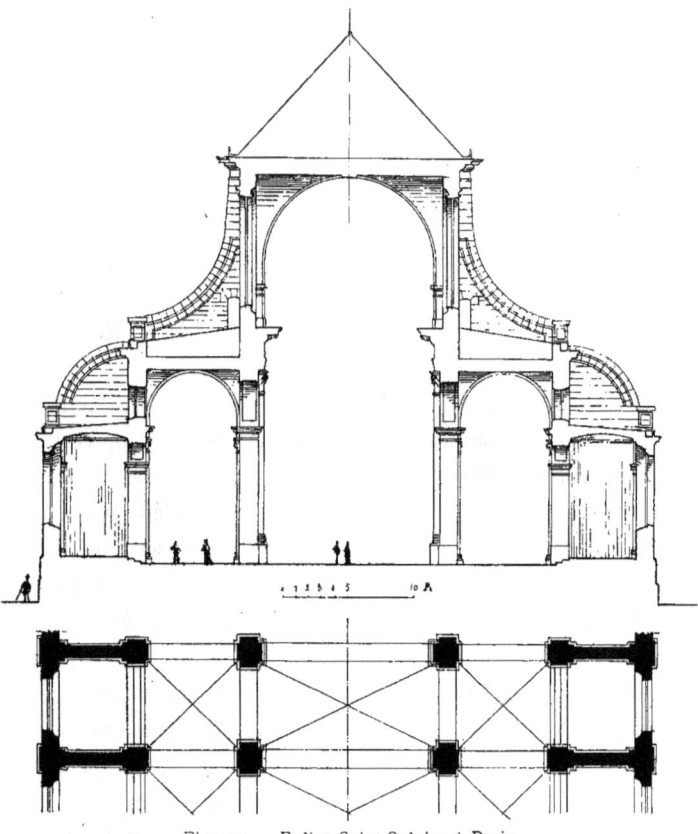

Fig. 74. — Eglise Saint-Sulpice à Paris.
(Plan et coupe transversale).

elles atteignent une hauteur de 42 mètres ! Puisqu'il s'agit de Saint-Sulpice, on ne saurait omettre d'attirer également l'attention sur sa façade principale et ses deux tours, pour constater, par comparaison avec celles des cathédrales du XIIIe siècle, le singulier progrès fait en architectonique par ceux qui au XVIIe traitaient l'art gothique de barbare.

A ce propos, il me revient le souvenir d'un petit fait qui m'a fait réfléchir dès le début de mes études. Lorsque je vis pour la première fois mon premier maître Henri Labrouste, j'étais allé chez lui rue de Vaugirard et il me conduisit à son atelier situé rue des Beaux-Arts.

En passant devant Saint-Sulpice, il me montra le grand ordre du péristyle : « Jeune homme, me dit-il, ne faites jamais d'ordres d'architecture d'une telle importance qu'on puisse comme ici circuler dans la frise et y établir un passage qu'il a fallu éclairer par des baies prises en façade. »

Ce qui m'a été dit là, sans plus ample indication, m'a cependant frappé et a singulièrement contribué à me faire saisir vaguement alors, mais sûrement, la nécessité de raisonner en architecture. Il faut peu de chose pour ouvrir les yeux de la jeunesse, si on s'y prend à temps et si on choisit bien le sujet qui permet une affirmation utile; ce qui est certain c'est que je ne tardai pas à comprendre l'erreur commise à Saint-Sulpice et ailleurs, et à conclure que l'emploi dénaturé des ordres conduit à l'absurdité architecturale, comme le démontre péremptoirement par exemple la monstrueuse conception du Palais de Justice de Bruxelles.

J'arrive maintenant au XVIIIe siècle, sans m'arrêter au règne de Louis XV, si ce n'est pour reconnaître le sentiment délicat et vraiment artistique de certaines décorations intérieures qui méritent d'être étudiées, mais que malheureusement on a trop exploitées, reproduites dans des imitations vulgaires et d'une banalité écœurante.

Après des tentatives singulières, comme celles auxquelles on a donné le nom de style rocaille, on voit apparaître, avec les architectes Louis, Gabriel et autres, des compositions plus mesurées, empreintes de ce caractère apparent qui correspond à l'époque de Louis XVI. Je dis apparent avec intention, car il ne faut pas approfondir la composition de ces édifices qui ne supportent pas l'analyse la moins sévère, au regard de leurs dispositions qui sont sagement monumentales d'aspect, mais bien peu rationnelles. On aura beau admirer et se laisser prendre au charme des façades des monuments de la place de la Concorde, on est bien obligé de reconnaître, pour peu qu'on observe, combien est superficielle la valeur réelle de ces édifices. Si on en supprime les éléments décoratifs, tous inutiles, il ne reste que des squelettes, n'ayant appartenu qu'à des corps sans âme, et sans apparence de vie.

Pour constater le bien fondé de ces critiques, il suffit d'examiner la façade du Garde-meuble et de son pendant, de se rendre compte de l'obscurité dans laquelle le portique plonge les appartements du premier étage qu'il abrite, de considérer les pavillons d'extrémité comme formant des saillies complètement inutiles à la solidité de l'œuvre et surmontés de frontons dont la présence est absolument injustifiée. A cela on vous répondra que ces dispositions ont pour but *de caler* l'édifice et que si ce calage n'est pas utile matériellement, il est nécessaire au sens décoratif.

Aussi on admettait au xviiie siècle et on admet encore aujourd'hui que l'expression résultant de formes non motivées, ou

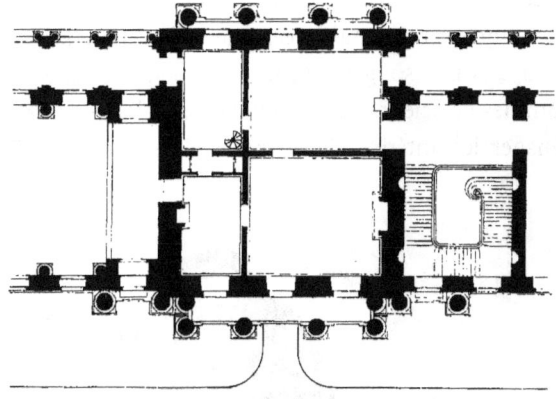

PREMIER ÉTAGE

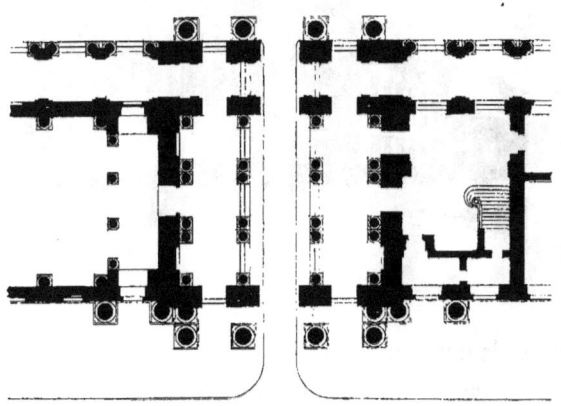

REZ-DE-CHAUSSÉE

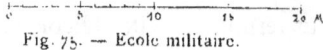

Fig. 75. — École militaire.
(Plans de la partie centrale).

d'un excès de matériaux superflu est une des conditions de l'esthétique et qu'on ne saurait créer une belle œuvre sans recourir à ces moyens mensongers. Que pensent d'une telle mentalité nos hommes de science et surtout nos administrateurs chargés de ménager les intérêts des contribuables ? Mystère. Lorsque

Phot. Neurdein.
Fig. 76. — Ecole militaire.
(Vue extérieure).

vous posez la question, on répond qu'on n'entend rien à l'architecture dans ces milieux-là et dès lors on laisse faire.

A l'appui de ces observations sur le Garde-meuble, combien d'autres édifices peuvent être envisagés de même et critiqués. Je me bornerai pour terminer, à citer l'Ecole militaire (voir fig. 75 et 76). Ici les *calages* extrêmes font défaut, comme pour prouver leur inutilité, mais ils sont remplacés par un *calage* central qui n'a d'autre but que de fournir un motif monumental, dont la raison d'être ne correspond à aucune disposition nécessaire de l'intérieur. Le dôme ne recouvre aucun espace libre ; le vestibule du rez-de-chaussée est encombré de colonnes ; le 1er étage contient diverses pièces séparées par des murs et des cloisons. Enfin au-dessus sont établis, sous le dôme lui-même, divers services insignifiants! Enfin, si nous considérons le motif central, qui constitue un avant-corps archi-monumental, nous constatons qu'il a donné lieu à dix colonnes énormes sur la rue, mais que sur la cour le nombre de ces points d'appui est réduit à quatre. Toutes ces saillies sont donc inutiles à la solidité et cet encombrement décoratif est complètement déraisonnable. Ne le prenons donc pas comme exemple et comme une source d'enseignement.

Je sais combien en jugeant si sévèrement cette époque Louis XVI, je risque de m'attirer les foudres des nombreux partisans d'un style qui actuellement est en faveur, sous l'influence de la mode à laquelle l'architecture, comme la toilette des femmes, est soumise aujourd'hui; je n'ai pu cependant m'expliquer qu'en toute indépendance et en toute franchise, en m'appuyant sur des preuves irréfutables.

IX

DÉDUCTIONS ET RÉFLEXIONS

De l'exposé méthodique et comparatif que nous venons de faire, il résulte clairement que le passé a obéi, en architecture, à deux ordres d'idées absolument différents : l'un, dans l'antiquité et le moyen âge, a dirigé, développé la puissance créatrice de l'artiste, l'autre, à partir de la Renaissance, l'a réduit à imiter, à répéter les résultats obtenus précédemment. Aujourd'hui l'architecte est contraint de choisir entre ces deux voies ; celle qui doit le conduire au but que détermine l'esprit moderne, paraît tout indiquée, mais il doit, avant de s'y engager, pouvoir compter sur une éducation et un enseignement capables de le soutenir utilement, de lui fournir de véritables principes. En quoi consistent ceux-ci, où, et comment se manifestent-ils de façon à donner une direction permettant d'échapper au procédé commode d'imitation si fatal à l'architecture ?

Le grand principe qui domine et ressort incontestablement de l'analyse des œuvres véritablement créées, s'affirme péremptoirement dans l'emploi raisonné et judicieux des matériaux et dans leur concordance avec les formes qui doivent en être la conséquence : c'est là qu'est le secret de la combinaison, de là que dérive dans l'art l'invention qui peut ainsi réaliser, par la matière, les pensées et les exigences matérielles de l'humanité. La construction est pour l'architecte ce que la nature, dans ses effets et dans sa vie, est pour le peintre et pour le sculpteur. Ceux-ci, pour créer, doivent constamment recourir à l'étude de l'être vivant, de la plante et de la flore. Pour l'architecte la source d'inspiration n'est pas la même, et c'est à la construction qu'il doit, sans cesse, revenir pour guider ses efforts dans le sens de la réalisation. S'il ne procède pas ainsi, il se prive de la véritable ressource stimulante et tombe fatalement dans l'ornière de l'imitation, au détriment des idées et des intérêts qu'il doit servir. Le passé nous démontre que quel qu'ait été l'idéal philosophique ou religieux des grandes époques, les conditions matérielles, la nature du climat, ou celle des matériaux employés, c'est dans l'observation rigoureuse des principes de la construction que réside la force créatrice de l'architecte. La Renaissance a méconnu cette vérité et, de ce fait, elle a entraîné l'architecture, comme nous l'avons dit, dans une voie sans issue. Aussi les nécessités de la vie moderne, les moyens et les procédés de construction absolument nouveaux de l'époque présente exigent des efforts que la routine a entravés fâcheusement. Le principe directeur, qui est à la base de toute conception, affirme sa puissance autant dans la solution simple des temples plafonnés de l'Égypte que dans celle, si ingénieuse, des coupoles romaines et byzantines ou celle, si savante, des voûtes de nos cathédrales gothiques. Tant que l'architecte a procédé ainsi, qu'il s'agisse d'un système de construction de simple statique, d'équilibre ou d'élasticité, il a créé des dispositions franches et des aspects d'ensemble où l'art s'est introduit magistralement; dès qu'il a suivi ces exemples pour les reproduire par des moyens dépourvus de sincérité, il a perdu le bénéfice de l'inspiration directe et exécuté des œuvres bâtardes, susceptibles de plaire aux yeux, mais incapables de provoquer l'intérêt et l'émotion. Si maintenant nous examinons l'action des principes dans l'expression plastique des détails, c'est encore dans les éléments de la structure que nous trouvons le point de départ de la composition des formes à laquelle ils sont si intimement liés. Lorsque cet accord n'existe plus, disparaît, en même temps, le charme décoratif qu'assure si favorablement le respect de l'appareil ; en n'en tenant pas compte, l'artiste se prive d'une source d'inspiration que les trois derniers siècles ont négligée. Nous ne trouvons donc pas dans ces époques, brillantes et séduisantes cependant, un enseignement susceptible de nous ramener dans la voie sûre, indiquée par l'antiquité et le moyen âge. Conservons-en précieusement les œuvres, mais gardons-nous de les prendre pour modèles. Rejetons surtout cette croyance, si ancrée dans l'esprit public et chez tant de professionnels, que l'art de ces époques fixe désormais la beauté architecturale, malgré son dédain pour l'architectonique, et qu'elles nous offrent des sujets, des motifs, où il n'y a qu'à puiser sans effort. Si la période transitoire dans laquelle nous devons chercher la vérité ne peut créer d'emblée un nouveau sillon, réduisons du moins le plus possible l'exploitation de la tradition des formes en faveur des principes.

Charles Garnier, l'architecte de l'Opéra de Paris disait que l'architecture était un art permanent ; en cela il était d'accord avec Bramante et ses imitateurs, avec Pierre Lescot et Philibert de l'Orme, et il est de toute évidence qu'il visait l'application constante des ordres antiques, ainsi que de tout ce que la Renaissance italienne avait ajouté dans le sens décoratif, mais cette doctrine dangereuse n'a pas pris racine autant que semblerait l'indiquer le luxe excessif qui a marqué le règne de Napoléon III. La lutte qui, quoique courtoise, continue énergiquement à l'heure présente entre les classiques et les rationalistes (devenus toujours plus nombreux), peut donner l'espérance que la raison prendra le dessus.

Quoi qu'il en soit, il est singulier que cette affirmation de la permanence dans l'architecture ait été formulée par un Français, auquel nos cathédrales donnent un si formel démenti, en montrant combien l'art en France avait évolué dans un sens différent de tout ce qui avait précédé les magistrales créations médiévales. Aujourd'hui que l'admiration publique s'est tournée vers ces surprenantes manifestations de notre architecture que leur analyse en a été nettement précisée, on n'oserait plus affirmer qu'il n'y aura plus rien de nouveau sous le soleil et les ennemis du gothique se sont résignés, mais leur réserve est-elle sincère ? Nous le croirons le jour où, dans l'enseignement, on commencera l'éducation des élèves architectes en leur inspirant cette conviction qu'ils n'auront, dans leur carrière, à imiter ni les formes classiques, ni les formes gothiques, et qu'avant tout, dès le début de leurs études, ils doivent raisonner, chercher, sans autre souci que celui des principes, dont il est indispensable de leur démontrer l'importance. Ce mode d'éducation ne répond peut-être pas aux impatiences des maîtres, mais il est la sauvegarde des élèves, appelés à relever un art qui tend à sombrer dans l'incohérence et le désarroi.

S'il existe d'autres moyens, je serais bien curieux d'en connaître la nature et l'efficacité, mais il est fort à craindre que le silence, observé à ce sujet comme dans une forte conspiration, ne soit pas rompu de sitôt; le statu quo fait trop bien l'affaire des majorités.

En terminant l'examen analytique des diverses époques qui nous ont précédé, je crois utile d'attirer une fois de plus l'attention du lecteur sur la nécessité d'envisager les œuvres à un point de vue comparatif. Pour faciliter cette étude, j'ai cru devoir réunir sur une même planche ajoutée à la fin du volume, les édifices les plus importants et présentés à une même échelle de façon à faire saisir les différences qui s'affirment dans les dimensions générales, dans les aspects et dans les systèmes de structure. Ce parallèle complètera, je l'espère, les explications contenues dans le texte que j'ai consacré au passé et fournira l'occasion d'en apprécier ou d'en discuter la portée.

En tout cas, il fera ressortir combien les belles lignes et proportions du temple grec ont été exploitées sans souci de l'exemple, de la sincérité et de la simplicité qu'il affirme. En outre, il démontrera combien grande est la leçon de logique que nous donne le moyen âge qui, en France, a devancé l'effort scientifique des temps modernes. Enfin, quoique restreint ce rapprochement mettra au point l'importance relative des principaux édifices sur lesquels les idées sont généralement peu précises.

DEUXIÈME PARTIE

L'ÉPOQUE CONTEMPORAINE

I

CONSIDÉRATIONS GÉNÉRALES

Après la Révolution qui marqua la fin d'un régime en France, la société dut, plus ou moins rapidement, se constituer sur des bases nouvelles, sociales, économiques et administratives, et entraîner, de ce fait, l'Architecture vers des solutions répondant avant tout à des exigences matérielles, sans pour cela perdre de vue les satisfactions esthétiques. Ce résultat, il ne fallait pas espérer l'obtenir sans transition et sans étapes successives ; depuis plus d'un siècle, bien des efforts ont été faits dans ce sens, mais sans méthode et sans direction, sans qu'on ait pris la peine de se rendre compte de la nature précise des nécessités inhérentes au présent état social. Lorsque cette préoccupation se manifeste, on oppose l'impossibilité de concilier l'Art avec la Démocratie. Une telle affirmation est la conséquence de la faute qui a été commise depuis longtemps de considérer l'architecture dans ses manifestations purement extérieures, sans l'envisager dans sa philosophie et dans son caractère d'utilité.

Dès lors l'art utile est resté lettre morte pour tout le monde, même pour nos savants, nos soi-disant penseurs, nos littérateurs, pour les pouvoirs publics qui se bornent à affirmer leur respect de la liberté, que d'ailleurs ils contribuent inconsciemment à entraver, en patronnant un enseignement artistique qui n'est nullement en rapport avec les nécessités contemporaines. Dans ces milieux instruits, mais non éclairés, on ne se préoccupe aucunement des conditions sociales et économiques auxquelles l'architecture est soumise actuellement, on laisse faire, sans examiner combien cette question est intimement liée aux intérêts de la fortune publique et privée, livrée ainsi au gaspillage; on se contente de critiquer à l'occasion, mais aucune de ces critiques ne porte, car elles ne peuvent aider en rien à une concentration d'efforts chez les architectes. Aussi ceux-ci, abandonnés à eux-mêmes, sans rapports directs avec le public quant à ses besoins réels, cherchent-ils seulement des solutions prétendues artistiques dans un éclectisme effréné, en dépit de toute logique et de tout bon sens. Voilà plus d'un siècle qu'on procède ainsi, fouillant dans le passé, y recueillant tout ce qui semble pouvoir être approprié comme forme, sans connaissance véritable des moyens d'exécution.

Pendant le Consulat et l'Empire, l'influence romaine disparut pour faire place à un soi-disant retour vers la simplicité grecque : la plate-bande ne se mêle plus à l'arc; l'usage des ordres superposés et une prétention d'organisme architectonique s'affirment, mais cette prétention n'est pas justifiée par un accord avec la structure. C'est l'époque de la Madeleine, de la Bourse, de Saint-Philippe-du-Roule, etc., c'est-à-dire d'édifices empreints d'une allure de fausse antiquité dont on ne tarde pas à se fatiguer. Pendant la

Restauration et le règne de Louis-Philippe, sous l'impulsion du romantisme, un retour se manifeste vers l'art gothique, mais on ne prend pas la peine de l'étudier, avant de lui faire les emprunts ridicules auxquels on a donné le nom de style troubadour. Cette évolution dans les goûts, auxquels ne participait aucune idée de principe, eut une conséquence singulièrement significative et inattendue. Certains observateurs de haute intelligence, comme Viollet-le-Duc et Mérimée, appelèrent l'attention sur la beauté alors méconnue des monuments français, montrèrent l'intérêt national qui s'attachait à leur conservation, ainsi qu'à une restauration, devenue impérieuse à la suite de l'abandon coupable et dédaigneux dont ils avaient été l'objet depuis plus de deux siècles. C'est alors que furent créés les services des édifices diocésains et des monuments historiques. Viollet-le-Duc en fut l'âme et sut le premier faire ressortir le génie artistique de la France du moyen âge, et surtout l'enseignement qu'offraient jusque dans l'exercice des moindres métiers, ses magistrales conceptions, ses procédés d'exécution et ses méthodes de composition. Au contact de ces édifices, qu'on se mit à restaurer avec une ardeur passionnée, sous une direction éclairée, architectes, artistes, artisans, ouvriers, — en nombre relativement considérable, — bref, tout un personnel formé et éduqué suivant des principes, répandirent de tous côtés un esprit d'analyse et des connaissances nouvelles qui eurent et auront dans l'avenir des conséquences de plus en plus grandes pour une rénovation sûre et féconde. Cette influence, qui est restée jusqu'ici plus théorique qu'apparente, n'a pas orienté encore l'Architecture en un sens franchement moderne, mais la connaissance analytique de l'art gothique est un guide sûr dans la voie qu'il faut suivre. Si cette action ne se dégagea pas plus nettement, c'est qu'elle s'exerça dans un milieu non préparé et où la majorité des professionnels lui était hostile. Les architectes qui avaient pris part aux restaurations des édifices du Moyen âge, imbus de principes qui étaient nouveaux pour eux et enthousiasmés des horizons qu'ils leur ouvraient, appliquèrent dans la conception des nouveaux monuments, religieux pour la plupart, non seulement les principes de cette époque, mais aussi les formes. Dès lors, les ennemis du progrès rationaliste en profitèrent pour dénoncer la tendance à une renaissance gothique, qui n'était nullement dans la pensée et les intentions de Viollet-le-Duc, ni dans celle de ses disciples, ne voyant dans ces compositions qu'une application logique des principes. Les classiques, habitués, par leur éducation, à subir le joug pompier de l'imitation, ne comprirent pas l'entraînement rationnel auquel avaient obéi leurs antagonistes, qu'ils traitaient de *diocésains*. Néanmoins, en dépit de cette hostilité confraternelle, le bon sens reprenait ses droits dans maintes applications, et le niveau de l'exécution, dans tous les corps d'état du bâtiment, se relevait singulièrement après la première période du XIXe siècle, où il était tombé si bas.

Indépendamment du secours que la connaissance raisonnée du moyen âge apportait à la composition des édifices, un élément technique venait s'ajouter dans leur construction. Le métal, sous l'impulsion scientifique et industrielle, tendait à s'introduire dans les bâtiments, à en transformer les dispositions, ainsi que les expressions. Mais ce résultat ne fut pas aussi concluant qu'on pouvait l'espérer, et cela toujours du fait de la routine dans laquelle les architectes s'étaient laissé enfermer depuis si longtemps. Habitués à ne pas raisonner la construction, ils se désintéressèrent de l'emploi du fer, en laissant aux ingénieurs et aux serruriers le soin d'en déterminer les éléments de force, le mode d'assemblage, les combinaisons, les formes judicieuses qu'on en pouvait tirer et ils se contentèrent de remplacer, dans les planchers et les combles, les éléments de bois, jusqu'alors en usage, par des pièces métalliques. Ils poussèrent plus loin encore leur mépris ou leur indifférence pour la logique en construisant des voûtes de maçonnerie sur des arcs en fer qu'on soumettait à la torture et par suite à des efforts que la nature de la matière se refusait à subir. On remédia, il est vrai en apparence à ces dangers, en augmentant considérablement les sections utiles et cela au détriment de l'économie, mais on n'évita pas pour cela l'oxydation et la dilatation qui réservent bien des surprises, sinon des accidents, dans un temps plus ou moins rapproché. D'autre part, pour la satisfaction des yeux habitués à des épaisseurs déterminées par la direction modulaire des ordres, on n'hésita pas à entourer de plâtre des colonnes en fonte de faible diamètre, jusqu'à ce que celui-ci répondît à des exigences routinières ; certes, voilà des moyens que ni les Grecs ni même les Romains et surtout les Gothiques n'eussent jamais employés, s'ils eussent été en présence de ce genre de matériaux. Ce n'est d'ailleurs pas seulement avec le métal qu'on a procédé et qu'on procède encore en architecture sans souci de la vérité, c'est aussi avec la pierre, la brique et le moellon, en fixant les épaisseurs des murs, non pas en raison des nécessités de résistance, mais pour l'effet à obtenir. C'est encore une erreur que les anciens n'ont point commise, non plus que les architectes du moyen âge qui savaient si bien mettre les nécessités de la construction d'accord avec les apparences.

Si les parties inférieures et les contreforts des tours de Notre-Dame sont puissants, c'est pour des raisons de solidité impérieuses; si les murailles des ouvrages militaires sont épaisses, c'est pour résister aux engins de destruction; si même des murs ordinaires ont une section qui peut paraître exagérée, c'est le mode de structure par blocage entre parements qui en est le motif. Au XVIIe siècle et depuis, on a singulièrement augmenté les épaisseurs, dans le seul but de produire des effets d'architecture; mais c'est là un luxe qui ne nous est plus permis aujourd'hui. Il faut prendre notre parti des aspects de maigreur, si celle-ci résulte de la logique et chercher la solution dans cet ordre d'idées. L'œuvre d'art ne dépend ni de l'excès de matière, ni de sa nature. Si on n'accepte pas cette vérité qu'on constate d'ordre purement scientifique, la solution économique qui est imposée actuellement devient impossible; aussi, sans admettre que l'art doit obéir à des formules d'une rigueur absolue, attendu qu'il est de multiples conditions qui s'opposent à leur application constante, l'architecte néanmoins doit s'efforcer de tenir compte du principe d'économie, sauf à saisir dans quelle mesure il doit y satisfaire.

Pour en revenir à l'emploi du fer dont les architectes du XIXe siècle se sont trop désintéressés, il faut cependant reconnaître que certaines constructions, élevées à cette époque et basées sur l'emploi de cette matière, sont intéressantes et franchement conçues; ainsi les halles centrales de Paris et certains marchés qui en ont été inspirés, peuvent être cités, comme émanant plus ou moins directement de l'architecte. On peut aussi citer, de Baltard — à qui on doit les halles —, l'usage qu'il a fait du métal dans la composition de l'église Saint-Augustin, tentative toutefois qu'on ne saurait considérer comme étant susceptible d'applications, car, dans cette solution où il y a double emploi de force, l'une fournie par le fer et la fonte, l'autre par la pierre, l'alliance de matériaux travaillant chacun dans des conditions différentes, n'est ni raisonnée ni satisfaisante dans son aspect. Les combinaisons adoptées par Henri Labrouste à la Bibliothèque Sainte-Geneviève et surtout celle des coupoles de la Bibliothèque nationale, sont bien autrement satisfaisantes et caractéristiques. Néanmoins elles n'ont pas résolu la question de la véritable transformation que le métal semble indiquer. Il en est de même de la Galerie des Machines et du hall du Grand Palais, tentatives que l'expérience condamne pour des raisons qui méritent d'être examinées et développées.

Profitant des avantages si nouveaux qu'offre le métal pour franchir de grandes portées, sans le secours plus ou moins gênant des points d'appui intermédiaires, et voulant affirmer, au bénéfice de l'art moderne, des solutions nouvelles, on a pris, dans les deux édifices qui viennent d'être cités, le seul parti qui permette l'introduction de la lumière du jour au centre de si vastes vaisseaux, et qui consiste dans l'éclairage par le haut; mais on s'est heurté à des difficultés dont on n'avait pas prévu l'importance et qu'il est impossible de vaincre; c'est à cette constatation qu'on peut attribuer la démolition de la Galerie des Machines, dont la destruction eût été une grande faute si, quel que fût son effet plus ou moins discuté, cette colossale conception eût fourni un abri véritablement satisfaisant; mais en réalité il présentait de très sérieuses et redoutables imperfections, provenant surtout de sa toiture vitrée, exigeant un entretien constant pour remédier, d'ailleurs fort mal, aux effets de dilatation et d'oxydation des éléments métalliques qui maintiennent un vitrage aussi continu et aussi important; d'autre part, comment pouvait-on résister aux excès de température et particulièrement à l'action du soleil qui parfois rendait intenable l'occupation du colossal hangar ? Au Grand Palais des Champs-Élysées, quoique la portée soit moins grande, les inconvénients sont les mêmes; pendant les expositions d'été un grand velum diminuant la hauteur et par suite détruisant l'effet voulu dans la composition, est indispensable; pendant la saison froide, il faut recourir à des moyens de fortune dangereux, insuffisants pour assurer une température à peine normale. L'emploi du fer présente des ressources incontestables, mais qui sont limitées et semblent surtout applicables à des constructions ouvertes. Lorsqu'il s'agit de bâtiments destinés à l'habitation ou à une occupation plus ou moins constante, ce genre de matériaux ne se prête pas à la constitution de parois verticales et horizontales qui doivent être établies, sans solution de continuité, pour permettre d'éviter les infiltrations, les courants d'air, les réparations constantes et coûteuses, redoutables, autant en ce qui concerne les toitures, à la suite des pluies et de la fonte des neiges, qu'en ce qui touche les murs et les planchers, dans lesquels ou contre lesquels on a appliqué les moyens de chauffage et de circulation d'eau par introduction ou évacuation. Si le fer, employé dans les formes que donne le laminage, avec le concours plus ou moins développé de la tôle, ne répond pas à ces exigences capitales, il s'y prête avec d'autres éléments, lorsqu'on l'associe au ciment, pour la réalisation des problèmes que posent aujourd'hui à l'architecture les programmes modernes avec leurs exigences de confort, et d'économie, mais c'est dans des conditions qu'il importe de préciser.

Actuellement, après une période d'hésitations inévitable pour diverses raisons, la mode (ce redoutable facteur dont l'influence déplorable s'introduit partout maintenant) a cependant vaincu les résistances des architectes et des clients et l'usage du ciment armé tend à se répandre de tous côtés. Cette tendance est heureuse et aura des conséquences qui révolutionneront singulièrement la pratique de l'architecture et par suite ses manifestations esthétiques. Pour le moment, on se borne à introduire dans les bâtiments ce nouveau mode de structure, en le dissimulant, comme on a fait pour le bois, pour le fer, et on enferme ces éléments si utiles à la construction des planchers, des terrasses et des combles, dans des murailles de pierre, de moellon ou de briques, dont la nature est en contradiction avec celle du ciment armé. En procédant ainsi, contrairement au principe de solidarité et d'unité de structure, on commet une faute grave qui nuit à la solidité et à l'économie des ouvrages, dans lesquels on n'assurera ces conditions impérieuses que lorsqu'on se décidera à rendre solidaires toutes les parties d'un même édifice. Les moyens de résoudre un tel problème sont aujourd'hui fixés, mais l'architecte, que troublent ces nouveautés auxquelles son instruction technique ne l'a pas préparé, se montre récalcitrant. Se refusant à faire l'effort nécessaire, il se borne à utiliser partiellement le ciment ou plutôt le béton armé, en continuant à procéder à l'égard de ces nouveaux matériaux comme il procédait naguère à l'égard du bois et du fer. Il faut bien toutefois reconnaître que ce n'est ni par paresse ni par indifférence, que beaucoup de nos confrères hésitent à entrer franchement dans cette nouvelle voie, mais par suite des nécessités de produire trop rapidement et aussi par la crainte de ne pas réussir dans des façades où l'usage de la pierre devrait dès lors être fatalement abandonné, ou singulièrement restreint. Le progrès qui peut être réalisé, au bénéfice de la distribution de l'installation et de l'économie, est donc arrêté par une mesquine considération de formes, l'habitude de la pierre, bonne ou mauvaise, naturelle ou factice, ayant répandu le préjugé que sans elle toute solution artistique est impossible.

Le jour où les administrations, les capitalistes gros et petits, les propriétaires n'obéiront plus à cette fausse compréhension de l'art et que, contraints par les contribuables et les locataires, ils se décideront à enrayer des dépenses inutilement coûteuses, on aura fait un grand pas vers les véritables solutions modernes. L'art trouvera, grâce à des efforts nouveaux et sincères, l'occasion d'affirmer son évolution sans entraver l'initiative personnelle et sans conduire à la monotonie des expressions, s'il est appliqué à l'emploi d'un système franc et rationnel du ciment armé, dont la souplesse est susceptible de se prêter à toutes les combinaisons. C'est une erreur de croire que le grand public tient, autant qu'on le dit, à la richesse de la matière et à l'ornementation d'emprunt dont se parent les façades extérieures des édifices publics et des habitations; c'est aux snobs surtout qu'il faut adresser ce reproche; en tout cas ce qui ne tardera pas à prédominer de plus en plus, c'est le besoin d'hygiène, de sécurité et de commodité, — dans les théâtres, les palais d'expositions, les bibliothèques, les hôpitaux, dans les habitations communes ou privées; ce qu'on attend en outre, c'est la réduction du prix des loyers qui contribue singulièrement à augmenter la cherté de la vie, et cependant on veut avoir le confort moderne avec l'application de tous les moyens nouveaux qu'il comporte, jusqu'à la salle de bain dans les plus modestes logements. Or, ce n'est pas dans les moyens de construction et de décoration du Louis XVI actuellement en faveur, ni d'ailleurs dans toute autre inspiration directe du passé qu'on trouvera la marche à suivre. Sans affirmer que l'utilisation du ciment armé appliqué à l'ossature générale d'un bâtiment quelconque est le seul moyen efficace, je n'hésite pas toutefois à soutenir, avec une entière conviction, que ce procédé apporte, dès maintenant, tous les éléments d'une transformation assurant tout ce qui est d'ordre matériel dans les bâtiments modernes. Reste la question d'aspect sur laquelle je n'ai nullement la prétention de me prononcer, convaincu que le talent et l'habileté de l'architecte contemporain, qui ne sont pas ici en cause, viendront facilement à bout de cette difficulté réelle, mais celle-ci ne peut être vaincue que le jour où le maître de l'œuvre aura pris la peine d'étudier à fond les ressources de ce procédé, au lieu de s'en rapporter à des spécialistes qui n'ont pas le sentiment des avantages d'unité de structure que présente ce nouveau mode de bâtir et n'y voient que des applications partielles, ne troublant pas l'esprit de routine auquel ils obéissent. Si d'ailleurs leurs prétentions allaient plus loin, ce seraient eux qui deviendraient les véritables architectes dans l'œuvre de concentration des éléments qui est à la base de toute composition : ne leur laissons pas prendre cette direction.

Je voudrais profiter de l'occasion qui se présente pour résumer les principes sur lesquels l'architecte peut actuellement concevoir un édifice en ciment armé, mais auparavant je vais donner quelques exemples de constructions récemment élevées à l'aide de ce procédé, dans lesquelles il est appliqué plus ou moins rigoureusement, sinon en conformité complète avec la thèse soutenue ici.

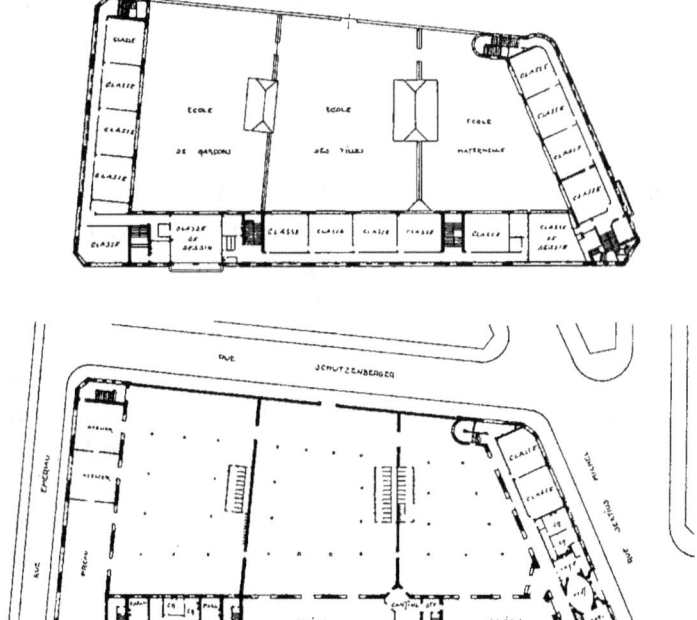

Fig. 77. — Groupe scolaire de Grenelle.
(M. L. Bonnier architecte).

Voici tout d'abord les plans (fig. 77) et une élévation en perspective (fig. 78) du groupe scolaire dû à M. Louis Bonnier, architecte de la ville de Paris et élevé sous sa direction à Grenelle. Il suffit de jeter un coup d'œil sur l'extérieur de ces bâtiments, pour constater qu'ils sont traités avec une grande simplicité qui n'exclut pas, au contraire, le caractère d'une esthétique parfaitement appropriée au programme et à la nature des matériaux employés. Tout est franc, sincère et de bon aloi dans cette conception, pour laquelle il n'a été fait aucun emprunt à un style quelconque, et où la structure a fourni seule l'élément décoratif. Le ciment armé n'y est pas employé dans son intégrité, mais il intervient dans les planchers, dans la fermeture des baies en constituant à l'étage supérieur un chaînage continu; il apparaît aussi et d'une manière très assurée dans les auvents importants des portes d'entrée, démontre l'inutilité de consoles qui seraient en contradiction avec ce procédé de construction, car celui-ci permet de rattacher directement les dalles en saillie formant balcons et auvents aux planchers, dont ces parties saillantes sont la prolongation extérieure. Si indépendamment de ces indications le lecteur prend la peine d'examiner les plans de cet établissement scolaire il constatera, avec nous, combien la distribution en est satisfaisante.

Le second exemple permet de se rendre compte de la disposition et du mode de construction adopté par M. l'architecte Paquet pour l'étude du nouveau lycée de jeunes filles, élevé à l'angle de la rue de Douai et le boulevard de Clichy, et auquel l'administration de l'enseignement secondaire a donné le nom de Jules Ferry, dont le souvenir est si fortement attaché à tout ce qui concerne l'enseignement. Pour des raisons que je ne rechercherai pas, mais qui sont la conséquence de certaines traditions difficiles à abandonner, quand on construit pour une administration, l'application rigoureuse du ciment armé ne commence qu'au-dessus d'un rez-de-chaussée bâti en pierre et briques. A partir de ce niveau le système est franchement adopté dans les murs; les éléments métalliques de briques enfilées se rattachent aux épines, ainsi qu'à la maille qui constituent, avec le ciment dans lequel elles sont enfermées, la combinaison horizontale des planchers intermédiaires et des terrasses supérieures,

Fig. 78. — Groupe scolaire de Grenelle.

abritant tous les bâtiments à des hauteurs dont les niveaux différents résultent des dispositions des plans. On voit (fig. 79, 80, 81, 82) avec quelle simplicité cette disposition générale assure l'hygiène et la surveillance nécessaires dans ce genre d'établissements et répond aux exigences matérielles pédagogiques.

Un point qu'il est très important de signaler dans ce lycée, c'est la suppression des combles, toujours superflus en pareil cas, car ils ne sont jamais utilisés, ou s'ils le sont, c'est pour y loger des domestiques dans des conditions insalubres, ou

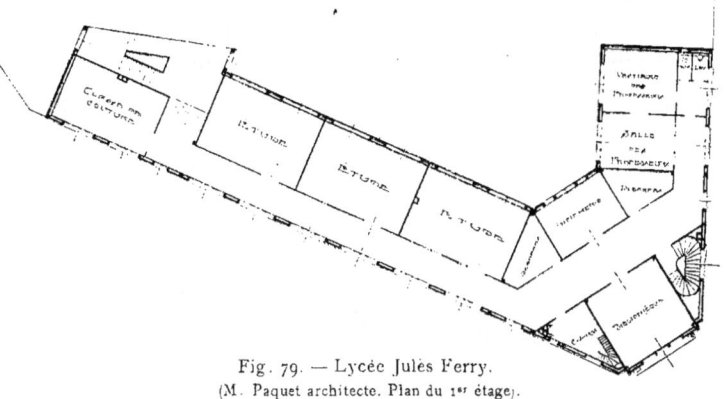

Fig. 79. — Lycée Jules Ferry.
(M. Paquet architecte. Plan du 1ᵉʳ étage).

pour y mettre des services forcément fort mal installés. Ici ces combles sont remplacés par des terrasses où ont lieu certains

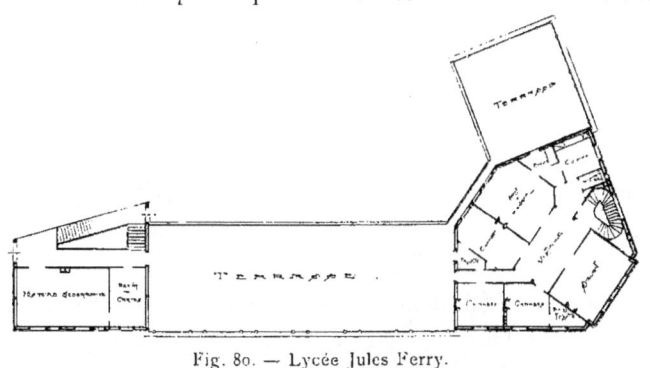

Fig. 80. — Lycée Jules Ferry.
(Plan 2ᵉ étage).

exercices ou certaines récréations en plein air. Je pense qu'il est inutile d'insister plus longuement pour faire comprendre que de tels avantages ne sont réalisables qu'avec le ciment armé. Enfin je dirai que l'aspect extérieur de ce bâtiment indique bien le caractère de sa destination et qu'il donne toute satisfaction au sentiment public, malgré l'absence de tout emprunt de *style*; si d'autre part on l'étudie plus à fond, on demeure convaincu de

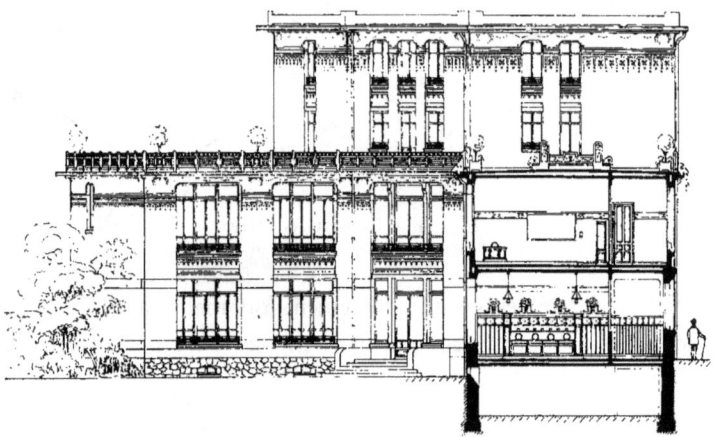

Fig. 81. — Lycée Jules Ferry.
(Coupe).

l'importante économie que son mode d'exécution a permis de réaliser, comparativement à d'autres établissements analogues, mais construits dans d'autres conditions.

J'attirerai également l'attention sur les bâtiments dus à M. François Lecœur pour le service de l'administration des Postes, dont l'un exécuté, cité Martignac à Paris, a déjà été publié, et qui est fort apprécié par l'administration et par ceux de nos confrères qui, sans parti pris d'école, consentent à étudier un édifice avant de se prononcer sur sa valeur. Je me bornerai

CONSIDÉRATIONS GÉNÉRALES 153

donc à rappeler cet exemple, mais j'ai la satisfaction de pouvoir mettre sous les yeux du lecteur les documents relatifs à l'autre

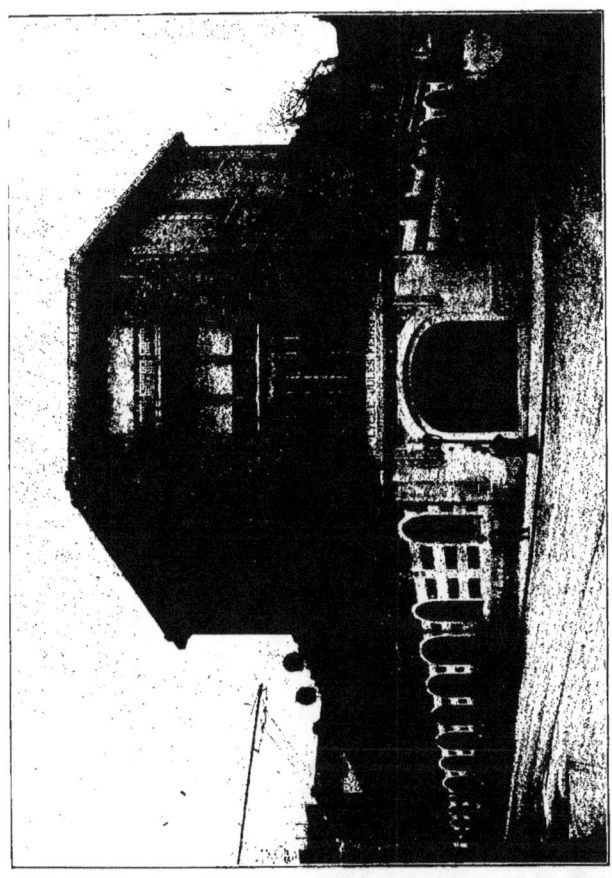

Fig. 82. — Lycée Jules Ferry.
(Vue d'ensemble).

bureau central, œuvre du même architecte, et qui s'élève actuellement à l'emplacement de l'ancien Conservatoire de musique, faubourg Poissonnière à l'angle de la rue Bergère. Les travaux ne sont pas terminés, mais sont fort avancés, aussi est-il

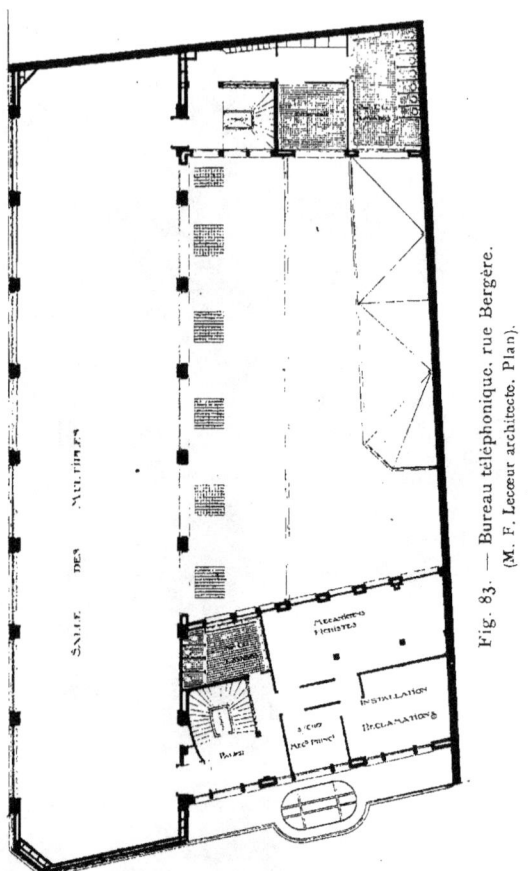

Fig. 83. — Bureau téléphonique, rue Bergère.
(M. F. Lecœur architecte. Plan).

possible dès maintenant d'apprécier les qualités de distribution, d'économie et de logique qui justifient la publication des plans et de la coupe ci-joints (fig. 83, 84). L'extérieur n'étant pas achevé, j'ai dû me contenter de présenter figure 85 la reproduction d'une maquette qui donne une idée parfaite de l'aspect d'ensemble de l'édifice, destiné au service des téléphones. Dans la

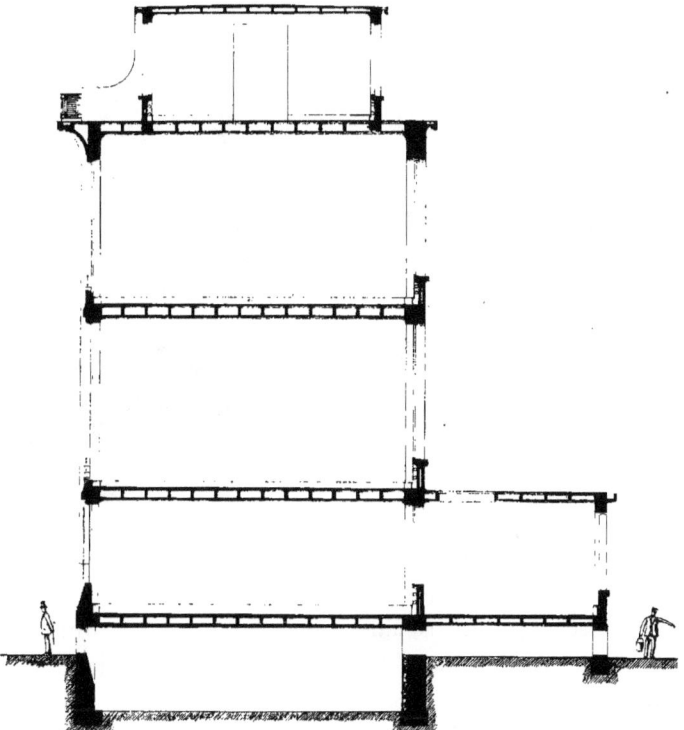

Fig. 84. — Bureau téléphonique.
(Coupe).

composition, l'architecte a pris nettement son point de départ dans les organes de la construction qui, à l'exclusion de la pierre, est due à l'emploi du béton armé adopté pour les piles verticales de forte section, travaillant à la compression et de ciment armé pour les poutres, planchers et terrasses, c'est-à-dire pour les ouvrages devant résister à la traction et offrir des garanties absolues d'étanchéité. Par l'examen de la coupe du bâtiment contenant deux grandes salles superposées, on se rendra

Fig. 85. — Bureau central téléphonique.
(M. Lecœur architecte. Vue extérieure).

compte des dispositions, ainsi que de la structure et particulièrement de l'établissement d'un étage supérieur dont les dimensions correspondent aux nécessités des services de cuisine et de réfectoire. On voit quelles ressources, sans préoccupation de porte-à-faux, permet ce procédé si souple et en même temps si résistant, et d'autre part on constate l'avantage qu'il présente pour l'aménagement de terrasses, singulièrement avantageuses à tous points de vue. On observera, d'autre part, que les murs, ainsi que certains points d'appui, sont creux, en vue du chauffage et de la ventilation; ils sont en briques armées, aux extrémités du bâtiment contenant les grandes salles superposées. Ce parti de chauffer et de ventiler par des murs creux a été parfaitement

Fig. 86. — Maison à Auteuil.
(Élévation).

compris, mais vu la dimension de ces pièces, il a été indispensable d'ajouter, à la base des grandes baies, un système de radiateurs dont la place est assurée par la structure des allèges. . Au point de vue d'une bonne installation des services, la solution est parfaite et s'accuse certainement avec une franchise et une logique contribuant au caractère de cet ensemble qui sort de la routine et de la banalité.

Je signalerai maintenant certaines habitations étudiées avec une préoccupation indéniable de sincérité, et dans lesquelles se manifestent des efforts très intéressants.

Dans la maison construite par M. Danis, architecte des bâtiments civils, dont les plans et l'élévation sont présentés figures 86 et 87, il s'agissait, suivant une exigence bien moderne et à laquelle on satisfait cependant bien rarement par suite de l'ignorance des ressources actuelles, d'établir dans les quatre étages superposés, des distributions absolument différentes : au rez-de-chaussée un atelier de sculpteur, aux premiers étages des appartements et au 4e un vaste atelier de peintre. A ce point de vue la combinaison est parfaite, grâce à un mode de construction de murs et de planchers répondant nettement à ces nécessités qu'on semble souvent croire irréalisables, parce qu'on ne sait ou que l'on n'ose tirer parti des avantages de souplesse et de solidité qu'offrent les matériaux nouveaux. Indépendamment de ce résultat, ce qui est frappant dans cette habitation c'est son aspect esthétique, dû uniquement à des moyens très simples, employés avec goût et franchise. Toute la composition est basée sur l'emploi de la brique et du ciment armé, mises nettement au service de percements de baies bien compris et bien proportionnés. Il faut particulièrement signaler la voûte du porche d'entrée, dont le système de structure, dû à des combinaisons de briques et de remplissages de mortier, fournit une solution très ingénieuse. Il en est de même de la partie supérieure qui correspond à l'atelier, où par les moyens les plus simples l'architecte a obtenu un effet décoratif fort heureux.

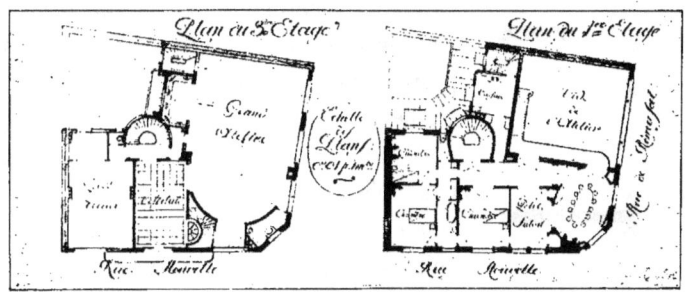

Fig. 87. — Maison à Auteuil.
(Plan).

Pour clore cette série d'exemples, venant à l'appui de la

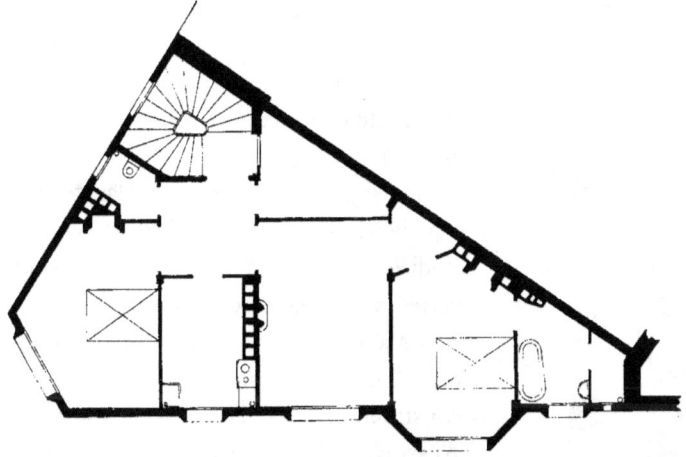

Fig. 88. — Maison rue Belliard.
(M. Deneux architecte. Plan).

présente thèse, je citerai encore l'effort fait par M. Deneux, architecte des monuments historiques, dans la maison qu'il a

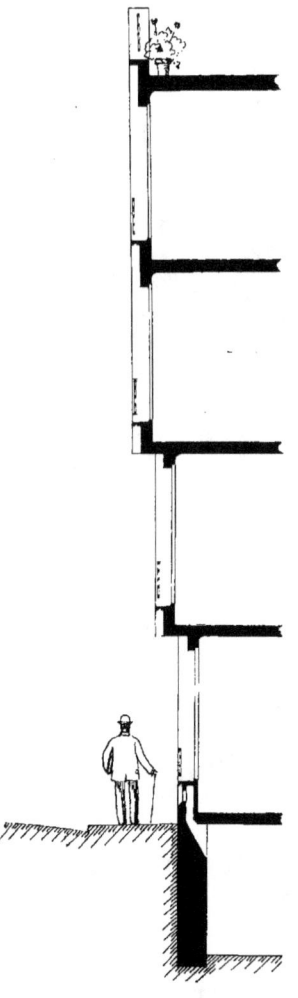

Fig. 89.
Maison rue Belliard.
(Coupe).

élevée tout dernièrement rue Belliard à Paris. Cette construction, composée d'un rez-de-chaussée et de trois étages destinés à des appartements modestes, mais parfaitement installés et distribués, a été exécutée, avec application d'un système général de piles et de planchers, dans lequel le ciment armé et les briques enfilées jouent un rôle capital (voir le plan fig. 88 et la coupe fig. 89).

Ici la brique n'est pas restée apparente, elle a été recouverte d'un enduit de ciment sur lequel se développe, suivant une combinaison très originale de carreaux de grès flammé, une décoration colorée, qui mérite d'être considérée (voir la façade, fig. 90).

Je signalerai également la terrasse supérieure, dont la disposition a été très étudiée, destinée à recevoir des plantes vertes et dans la saison favorable des fleurs faciles à entretenir par un arrosage approprié. Tout a été prévu, dirigé dans cette construction par l'architecte lui-même. Aussi n'a-t-elle pas, dans ses détails comme dans son ensemble, cet aspect banal et industriel qu'on constate dans la généralité des maisons de rapport et qui rend Paris si monotone.

CONSIDÉRATIONS GÉNÉRALES

J'aurais pu assurément étendre davantage le choix des exemples intéressants, mais je l'ai borné aux conceptions les plus expressives qui, malgré leur simplicité et peut-être, en raison

Fig. 90. — Maison rue Belliard.
(M. Deneux architecte. Façade).

même de cette qualité, démontrent le parti que l'architecte peut tirer désormais des ressources actuelles pour lutter contre cette banalité.

On objectera peut-être que dans ces tentatives on ne voit

aucune affirmation d'un style, ou, pour parler plus justement, d'un caractère uniforme de détails qui caractérise les époques. A ce propos il importe de rappeler, une fois de plus, que cette sorte d'unité n'est souvent qu'apparente, qu'elle est due à l'erreur des compositions architecturales basées sur l'imitation. D'ailleurs pour qu'un même sentiment s'exprime dans les mêmes formes, en satisfaisant également la raison, il faut une généralisation des efforts faits en commun, qu'il ne paraît pas facile de réaliser à notre époque où l'indépendance personnelle est affirmée si énergiquement. J'ajouterai que cette préoccupation d'unité ne repose que sur un mot : le *style*, qui au fond est une équivoque, car comme l'a fort bien remarqué Viollet-le-Duc, dans son dictionnaire, il ne faut pas confondre les styles avec le style.

Les œuvres peuvent avoir *du style*, sans que les expressions soient de la même famille. Ce qui distinguera, il faut l'espérer du moins, les manifestations modernes de l'architecture de celles des derniers siècles depuis la déchéance du gothique, c'est la suppression de tout ce qui est inutile et illogique, et la mise en harmonie des éléments nécessaires avec les apparences. L'unité dans la composition résulterait alors de l'application des moyens réglés par le goût et la raison ; mais elle ne s'imposerait pas fatalement à l'ensemble des créations. L'œuvre bénéficiera fort heureusement d'une variété qu'entraîne la multiplicité des ressources nouvelles dont on dispose présentement et parmi lesquelles un choix bien fait aura une importance considérable. Je ne prétends pas trouver déjà, dans les tentatives récentes signalées ci-dessus, la solution complète attendue, mais elles indiquent un acheminement vers le but précis qu'il faut atteindre pour assurer l'évolution d'un art dont le rôle d'utilité devient chaque jour plus impérieux.

Dans les exemples ci-dessus, le ciment armé a un emploi plus ou moins important, mais encore insuffisant aussi je reviens, après cet exposé, à l'indication raisonnée des avantages de ce nouveau système de construction, au regard des conditions nouvelles qui s'imposent aux œuvres d'architecture.

Tout d'abord je rappelle ce fait important que le ciment armé ne doit pas être confondu avec le béton armé ; ces deux moyens sont basés sur la même donnée scientifique, c'est-à-dire sur ce fait surprenant que le fer se conserve dans les mortiers composés de sable ou de cailloux et d'une quantité plus ou moins importante de ciment. Ce qui les différencie, ce sont les dosages et le mode d'armature métallique. En outre, pour le béton armé on fait emploi de cailloux et de sable, tandis que pour le ciment armé le sable seul est utilisé ; de ce fait il résulte que l'épaisseur des éléments est très différente ; pour le béton celle-ci est variable ; pour le ciment elle est pour ainsi dire fixe et relativement très réduite, grâce à la puissance très supérieure des armatures métalliques et des dosages adoptés dans ce dernier cas. En raison de l'écart entre les épaisseurs, la combinaison des éléments métalliques diffère essentiellement. Je ne la décrirai pas en détail, car elle est connue, mais j'insisterai particulièrement sur ce point que les dispositions adoptées pour le béton armé n'ont pas, à beaucoup près, la même efficacité, en ce qui concerne la solidarité de toutes les parties d'un même bâtiment ; si cette condition, qui est le principe fondamental des nouveaux systèmes de construction, n'est pas remplie, leur emploi ne se justifie qu'imparfaitement et cependant l'usage du béton armé est bien plus répandu que celui de son concurrent.

Ce fait est la conséquence du désintéressement de l'architecte pour tout ce qui touche à l'étude approfondie de la construction ; s'il emploie aujourd'hui les procédés dont il s'agit, il ne tient pas compte, dans ses conceptions, de leurs avantages et de leurs inconvénients et dès lors il ne les établit pas sur des bases définies ; il reconnaît cependant, du moins on aime à le croire, la supériorité du ciment armé, mais les faibles épaisseurs le gênent et le troublent dans ses habitudes de composition ; dès lors le béton armé triomphe et les spécialistes — très nombreux — qui exploitent ce système rivalisent de zèle, pour se faire concurrence, sans autre préoccupation que celle d'un bénéfice pécuniaire ; pour assurer la résistance des ouvrages, il en est qui s'adressent à des ingénieurs très férus de calculs, mais qui n'ont pas à intervenir dans ce qui touche à la composition architectonique, laquelle en fin de compte, n'est véritablement servie par aucun de ceux qui collaborent à sa réalisation.

Tant que l'architecte, ou pour mieux dire, tant que le maître d'œuvre ne réapparaîtra pas pour remédier à un tel état de choses, la puissance créatrice, qui est cependant si évidente dans l'usage du ciment armé, restera inutilisée. Or lui seul répond nettement et de façon concluante au principe de solidarité appliqué jadis par les Romains, en une certaine mesure, avec la brique, devenu applicable grâce aux progrès scientifiques modernes, dans des conditions bien autrement supérieures, en raison de la souplesse, de la cohésion et de l'économie de ce nouveau procédé.

Pour se rendre compte de ses ressources, il faut les envisager dans leur action générale, à partir des fondations où elles apportent des garanties exceptionnelles, quelles que soient la nature du sol et la disposition des édifices. Mais, disons-le tout d'abord, cette disposition doit être conçue en raison du mode de construction qu'indique le système du ciment armé et permettre la combinaison par piles et non par murs, ceux-ci n'étant plus considérés que comme des remplissages ne portant pas charge. Je m'expliquerai davantage sur ce sujet si important. Avec ce procédé toujours applicable, chacune des piles peut être prolongée dans le sol avec ses armatures métalliques noyées dans des puits remplis de maçonnerie de ciment, lorsque le sol n'est pas résistant ; dans le cas contraire, sur un bon sol, on ne descendra pas profondément les piles et on les asseoira sur des patins de ciment armé. Dans les deux cas ces points d'appui prennent, par la nature de ces assiettes, une singulière rigidité qui permet d'en réduire la section ; c'est donc, dans une certaine mesure, une question de calcul à l'appui d'un raisonnement facile à saisir. S'il s'agit d'un édifice à portées très réduites, par exemple d'une habitation, et que la distribution intérieure exige, pour des plafonds chargés, un nombre plus important de piles, l'établissement d'un plateau général ou partiel, fait de ciment armé, donnera la solution ; sa résistance sera obtenue sans fortes épaisseurs grâce à la multiplicité plus ou moins accentuée des épines ; sur ce plateau chaque pile armée sera reliée à ces nervures.

Par ce qui précède, on se rend déjà compte des conditions suivant lesquelles le principe de solidarité intervient et comment il va pouvoir se développer en élévation, grâce à la réunion de tous les éléments de la structure. De quelle nature doivent-ils être pour se prêter aux exigences d'exécution du système adopté ? Les piles seront en briques armées, ce mode présentant à la compression plus de résistance que le ciment dont le rôle, surtout utile pour résister à la traction, est réservé aux planchers et aux voûtes. Ces parois horizontales plates ou bombées sont constituées à l'aide d'une maille métallique continue, raidie par des épines dont l'armature faite de fers carrés ou barlongs réunis par des fils métalliques se relie aux piles par la jonction des éléments de métal. De ce fait, la solidarité est assurée et elle est définitivement obtenue grâce à l'enveloppe de ciment qui enferme toutes les épines et les surfaces. Sous les piles le ciment intervient dans les vides où passent les fils constituant l'armature *métallique*.

Pour de plus amples détails je me permettrai d'engager le lecteur à consulter la brochure *L'architecture et le ciment armé*, publiée il y a quelques années et rééditée récemment.

Voyons maintenant quel est le rôle des remplissages entre les piles qui, seules, portent les poids en diminuant de section ou de force d'armature au fur et à mesure qu'elles s'élèvent. Ces murs n'ont d'autre but que d'assurer les clôtures nécessaires à l'action de la température extérieure et à la sécurité. Comment convient-il de les constituer ? Puisqu'ils ne sont pas destinés à porter, il est évident que, logiquement, ils doivent être exécutés au moyen de parois de mince épaisseur; mais d'autre part, pour garantir les intérieurs contre la chaleur et le froid, il faut obtenir une certaine épaisseur : la solution naturelle consiste dans deux cloisons entre lesquelles est laissé un vide utilisable dans les locaux où doivent s'introduire l'air chaud ou l'air frais, l'eau, le gaz et l'électricité, c'est-à-dire les éléments de l'hygiène et du confort recherchés aujourd'hui. En même temps que se réalise si bien l'installation de tous les services, le besoin de sécurité contre les accidents matériels, est autrement assuré qu'avec les moyens de fortune employés couramment aujourd'hui ; d'ailleurs ces avantages si indéniables peuvent s'étendre aux planchers, comme aux voûtes qui doivent, la plupart du temps, être composées de deux dalles minces de ciment pour avoir la solidité, l'insonorité ou l'étanchéité. S'il s'agit de grands espaces couverts dans lesquels le jour ne peut s'introduire que par la partie supérieure, l'éclairage peut être réparti suivant des combinaisons de formes très variées d'après la disposition des épines. Pour clore, au droit de ces jours, l'emploi des verres-dalles reliés entre eux par des fils métalliques logés dans des rainures garnies de ciment, offre de parfaites solutions car ces éléments de verre n'interrompent, dès lors, pas la solidarité des parties pleines et présentent toute la résistance voulue pour l'utilisation des terrasses, et pour leur nettoyage ; il en est de même en ce qui concerne les voûtes. Ajoutons à toutes ces ressources les facilités que donnent ces surfaces, simples ou même compliquées, pour l'écoulement des eaux pluviales, dont on se débarrasse avec de très faibles pentes et au moyen de chéneaux bien faciles à établir, puisqu'il suffit de relever la dalle supérieure des ouvrages de ciment pour les constituer. Enfin n'oublions pas d'observer combien sont restreintes, dans de telles constructions, les exigences de l'entretien et d'appeler l'attention sur cet avantage très précieux, qui est une source constante d'économie, inconnue des propriétaires d'immeubles construits suivant le mode actuel dont la complication, provenant de l'emploi simultané de diverses matières, est une cause constante de réparations. C'est dans l'usage du ciment armé qu'on peut apprécier, dans toute sa valeur, le procédé de construction par unité de structure; s'il ne s'agissait ici que d'affirmations théoriques, on pourrait traiter d'utopistes ses partisans, mais il existe déjà assez d'applications concluantes pour convaincre, tout au moins de la valeur du système, les intéressés et les chercheurs.

Quel avenir lui est-il réservé ? A cet égard il convient d'attendre un effort plus général et plus encouragé.

Quoi qu'il en soit, il résulte clairement des applications déjà faites que nous sommes en possession d'un mode nouveau de structure qui permet de résoudre le problème moderne dans toutes ses exigences; s'il ne se développe pas, ou ne s'étend pas dans un véritable sens architectonique, c'est qu'il révolutionne complètement les usages et la façon d'envisager le rôle de l'architecture. Au point de vue pratique, l'idée de remplacer les murs auxquels on donne par routine une épaisseur de 50 centimètres, qu'il s'agisse de moellon ou de pierre, trouble absolument l'architecte et l'entrepreneur, peu disposés et peu armés pour faire des efforts nouveaux, autant dans le sens pratique qu'au point de vue décoratif. Cependant, si le constructeur s'arrête devant ces difficultés qui sont loin d'être invincibles, l'usage du ciment armé perd tous les avantages que je me suis efforcé de démontrer. Au début de son apparition, l'emploi du ciment fut redouté, à la suite d'accidents qui ont été expliqués, mais cette crainte est apaisée, comme le prouvent les applications actuellement très nombreuses qu'on fait de ce procédé en le limitant toutefois à des ouvrages cachés, mais qui n'en constituent pas moins des éléments de solidité très appréciés. Étendre cet emploi à l'ensemble d'une construction, voilà le point délicat, car alors indépendamment des efforts à faire dans la technique, il faut satisfaire l'apparence. Celle-ci repose jusqu'à présent, dans la plupart des cas, sur l'usage de la pierre qui attire le spéculateur propriétaire voulant faire de la réclame, ainsi que l'architecte qui croit répondre aux goûts d'esthétique, en décorant les façades sur lesquelles il étale une ornementation d'emprunt ou de fantaisie que la pierre facilite.

Comment dès lors employer cette matière pour constituer des murs dont la paroi extérieure doit être décorative, mais dont la faible épaisseur n'offre pas les saillies nécessaires à l'application de pilastres, de frontons, de chambranles, de bandeaux et de corniches ainsi que pour les ouvrages en encorbellements destinés à augmenter la surface de certaines pièces ? Assurément l'architecte se trouve en face de recherches nouvelles, mais c'est précisément en cela que consiste une partie de sa mission qui, au lieu de l'effrayer, devrait l'attirer et le stimuler. L'emploi de la pierre est-il d'ailleurs incompatible avec les murs minces, assurément non, et en approfondissant la question, on ne tarde pas à entrevoir bien des solutions, dans lesquelles ce genre de matériaux peut s'adapter à des piles armées de briques; celles-ci pouvant rester apparentes et jouer leur double rôle, utile et décoratif. D'ailleurs l'usage constant de la pierre s'impose-t-il aussi rigoureusement pour la satisfaction des yeux, car là se borne le bénéfice qu'on en tire actuellement ; en tout cas on fera difficilement croire que la décoration dont on la surcharge dans les monuments publics et dans nos maisons de rapport provoque un sentiment ou une émotion qui arrête l'attention des passants : les magasins, l'animation de nos boulevards et de nos rues, voilà les véritables attraits de grandes villes avec la verdure des squares. Qu'on remplace la moulure insignifiante et sans mesure des façades par des balcons en ciment garnis de fleurs ou de plantes vertes et que l'on conduise les eaux de pluie et d'arrosage dans l'intérieur des murs creux par des moyens simples et économiques, personne ne se plaindra, au contraire, d'une telle solution. En tout cas ne laissons pas de côté, pour de vaines satisfactions d'habitude et de vanité, se perdre l'occasion que nous offrent des moyens si nombreux et si féconds en faveur d'une nouvelle orientation de l'art.

A propos de la pierre, je citerai un petit fait significatif. Lorsque j'achevai, après bien des difficultés administratives, l'église Saint-Jean de Montmartre, je fus appelé à l'archevêché de Paris et reçu par Mgr Richard, qui me questionna beaucoup sur l'emploi du ciment armé, et qui parut satisfait de ce que je lui exposais. Cependant il me dit malicieusement : Monsieur l'architecte, le ciment, même armé, ne remplacera jamais la pierre de nos cathédrales. Je lui répondis que j'étais absolument de son avis, mais que nous n'étions plus au moyen âge, où la foi religieuse avait si puissamment fourni les ressources matérielles nécessaires pour élever ces monuments. J'ajoutai qu'aujourd'hui il fallait obtenir beaucoup avec peu de chose, et qu'on se trouverait, pour la construction des églises que l'archevêché se proposait alors de faire élever dans Paris, dans l'obligation de renoncer à la pierre et d'adopter des procédés, dont le meilleur était le ciment.

Depuis cette époque, — qui remonte à une quinzaine d'années — on a bâti un certain nombre d'églises sans recourir à la pierre ; j'avais donc raison. Je ne prétendais pas dans ma prophétie être infaillible, mais tout de même en observant ce qui s'est fait, je suis satisfait de constater que je ne m'étais pas trompé. Je sais bien qu'on peut objecter que des temps meilleurs viendront; cet espoir est chimérique. Plus les tendances démocratiques se développeront, plus le luxe des constructions cédera le pas aux exigences matérielles et économiques; cela ne veut pas dire que l'art disparaîtra. Quel sera l'idéal qui l'animera ? En tout cas ce n'est pas le faux luxe et l'abus ridicule de la pierre, si en honneur actuellement, qui élèveront le niveau de la pensée chez l'architecte.

Peut-être quelques-uns de mes lecteurs me reprocheront-ils de n'avoir pas, à propos de l'époque contemporaine, envisagé les grands édifices qui lui correspondent. Je n'ai pas à m'excuser de cette abstention, car il ne s'agit pas ici de condamner ou d'admirer, mais de développer un ensemble d'idées basé sur la nécessité de revenir à des principes qui font défaut. On accordera bien que, quelles qu'aient été les qualités souvent brillantes des architectes depuis près d'un siècle, ceux-ci n'ont pas abordé franchement et résolument l'étude des problèmes modernes, sauf dans quelques cas exceptionnels et qu'ils n'ont pas fait d'efforts en vue de l'emploi des matériaux nouveaux.

J'ai été donc amené à laisser de côté les questions personnelles, toujours d'autant plus délicates à traiter qu'elles n'offrent pas généralement d'éléments à une discussion approfondie. Je ne cherche pas à faire naître un art nouveau, mais à développer une doctrine rationnelle, dont les bases sont établies depuis le milieu du xixe siècle et qui cependant n'a pas été appliquée d'une manière décisive. Le fer n'était qu'un acheminement vers une transformation, plus précise avec son dérivé le ciment armé, qui en possède tous les avantages, et vient combler avec une sûreté incontestable les lacunes profondes de l'emploi direct du métal.

C'est pourquoi j'ai étudié le procédé et cherche à en répandre l'application, comme un moyen plein de ressources, et aussi parce qu'en le pratiquant, le jeune architecte forme son jugement et son raisonnement, obligé qu'il est de tenir compte des exigences de la construction, habitude aujourd'hui perdue trop généralement et à laquelle il faut revenir ; car cette méthode est la seule qui puisse amener à l'évolution que commande l'esprit moderne. Ma prétention et mon espoir ne dépassent pas cette limite, dans laquelle on voudra bien reconnaître que je suis toujours resté.

Avant de terminer ce plaidoyer en faveur du ciment armé, j'ai beaucoup hésité à en montrer des applications *idéales*, permettant de fixer, sinon les formes, du moins la méthode de composition qu'impose la réalisation du problème architectonique moderne. Cette hésitation s'explique, car je pourrais être accusé de prétendre indiquer des solutions esthétiques nouvelles, alors qu'un tel but est loin de ma pensée.

Après mûre réflexion, je crois devoir vaincre ce scrupule, au risque de voir cette tentative mal interprétée, sinon dédaignée.

De quoi s'agit-il d'ailleurs ? Uniquement de prouver ce que j'ai avancé, à savoir que l'emploi du ciment armé nous permet d'arriver à des solutions nettes et économiques, tout en nous habituant, suivant l'exemple des époques créatrices, à tenir compte uniquement des conditions, des moyens simples et francs dont on dispose actuellement, en renonçant logiquement et de parti pris à toute préoccupation d'emprunts déroutants et fastidieux. Composer librement, en faisant intervenir la raison, est une nécessité dont le bienfait est généralement méconnu et dans la pratique totalement abandonné. Est-il possible de revenir à l'ancienne méthode de composition pour l'emploi des moyens nouveaux, dus à des découvertes scientifiques nouvelles ? Telle est la question qu'il s'agit d'aborder ici, sans autre souci que la recherche de la vérité en dehors de toute préoccupation de formes. Depuis plusieurs siècles, l'architecte, en possession d'un bagage très riche et très varié, dû aux efforts faits par ses devanciers, a pris les aspects comme point de départ, s'ingéniant à les réaliser pratiquement par des moyens sans sincérité et n'a abouti qu'à des reproductions abâtardies d'exemples choisis sans discernement. Aujourd'hui il apparaît clairement, pour quiconque réfléchit sur la situation actuelle, qu'il faut abandonner cette voie et se résigner à attendre des programmes mêmes et de l'utilisation judicieuse des moyens de construction la révélation des formes. Que l'unanimité des opinions ne soit pas absolue à cet égard, j'en conviens sans peine, mais on ne peut nier cependant qu'une tendance générale vers le retour aux principes se dessine maintenant fort nettement. S'associer à cette d'idée d'évolution, chercher à la servir ne peut donc être que fort opportun, ne fût-ce que pour fournir des éléments à la discussion qu'il importe de provoquer.

Ceci posé, pour bien établir le simple but poursuivi ici, prenons un sujet de programme bien moderne et voyons ce qu'il convient de faire pour le réaliser logiquement.

Jadis les temples, puis les cathédrales furent les Édifices où se résumaient les efforts, qui donnaient naissance aux solutions et aux expressions des diverses périodes de l'antiquité et du moyen âge ; aujourd'hui on réclame de l'architecte des espaces couverts de très vastes dimensions, d'immenses salles renfermant des documents scientifiques, artistiques, industriels que les foules viennent consulter pour s'instruire ou par curiosité, où la circulation, l'éclairage, l'hygiène, constituent des conditions absolument nouvelles et des exigences auxquelles il n'est possible de satisfaire qu'en dehors de toute préoccupation des dispositions et des formes du passé. Dès lors comment faut-il procéder ? Ce n'est pas avec les matériaux et les moyens jusqu'ici employés qu'on résoudra le problème ; ne commençons donc pas par imiter des modèles dont l'exécution est basée précisément sur ces matériaux que nous sommes dans l'obligation de laisser de côté, et cela pour des raisons diverses, dont une est capitale : la nécessité de prendre la lumière du jour à la partie supérieure d'un grand espace couvert. Ce jour venant du haut, — qui s'impose si énergiquement même dans des constructions restreintes en raison de l'exiguïté du terrain ou du fait des mitoyennetés, — ne peut être obtenu pratiquement, avec sécurité et économie, ni avec le bois, ni avec la maçonnerie pierre et brique, ni même avec le métal. Tous ces moyens exigent en effet une superposition de deux vitrages qui réduisent beaucoup trop l'intensité de la lumière, demandent un entretien constant, coûteux et difficile à assurer, tandis qu'avec le ciment armé une double épaisseur de verre bien choisi est suffisante et d'autant plus efficace qu'elle ne détruit pas la solidité des surfaces, constituant les terrasses et les voûtes percées à jour, et qu'elle permet en outre une circulation si nécessaire, au-dessus de ces éléments, pour le nettoyage des parties vitrées. Ajoutons à ces avantages celui de pouvoir lutter partiellement contre l'ardeur du soleil. Sans le secours du ciment armé on ne peut enfin éviter les solutions de continuité et, par suite, les infiltrations,

CONSIDÉRATIONS GÉNÉRALES

établir le courant d'air chaud ou frais qui assure la réglementation de la chaleur et de la ventilation.

Il est une autre considération bien importante, qui d'ailleurs

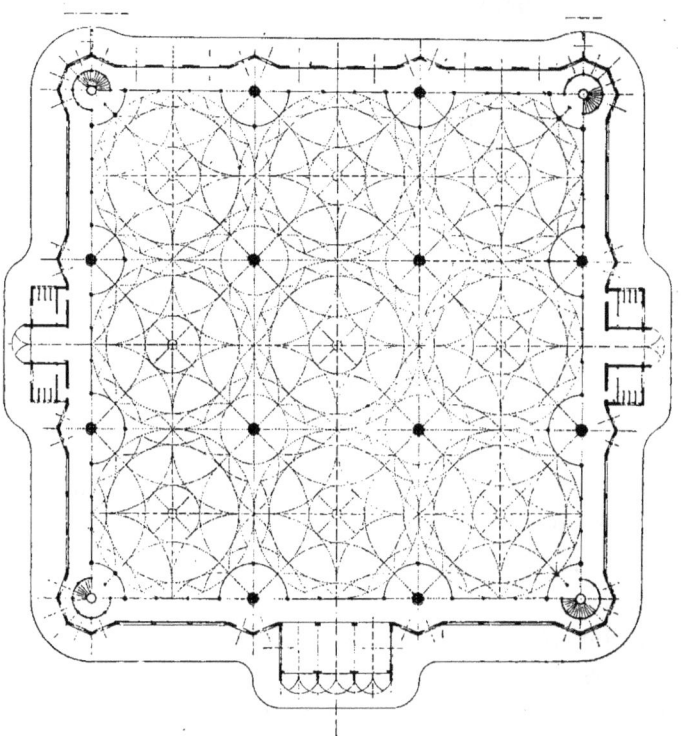

Fig. 91. — Grand espace couvert éclairé par le haut.
(Plan).

milite singulièrement en faveur du ciment armé, c'est la facilité qu'il présente pour écarter les points d'appui intérieurs, solution devenue aujourd'hui presque généralement inévitable. Assurément nous pouvons, comme les Romains et les Byzantins, élever des calottes et des dômes sur de grandes portées, augmenter même singulièrement celles-ci, grâce aux enfilages de matériaux creux et au ciment armé, mais est-il nécessaire, utile même, de recourir à ces grandes conceptions qui exigent des hauteurs considérables et devons-nous redouter pour la circulation la présence de quelques points d'appui intérieurs qui rendent les solutions bien autrement pratiques et économiques, puisqu'ils permettent de réduire l'élévation. C'est dans cet ordre d'idées qu'est conçue l'étude en question (voir le plan fig. 91). Il s'agit de couvrir un espace carré de cent mètres environ avec établissement d'une galerie supérieure et intérieure qui reçoit des jours directs pris sur les faces extérieures. Mais ces jours ne peuvent suffire à éclairer le centre de l'édifice et, dans certains cas de mitoyenneté, ils devraient être évités. Quatre points d'appui sont prévus et, de ce fait, les portées sont entre chacun d'eux de 25 à 30 mètres, ce qui ne gêne en rien la circulation. Pour réaliser le problème, étant donné qu'il est indispensable d'introduire la lumière par la partie supérieure, pouvons-nous recourir à l'emploi de la brique et de la pierre et profiter par exemple de la solution créée pour les voûtes gothiques? Non assurément; en tout cas, nous serions entraînés à des hauteurs fort inutiles, ainsi qu'à des épaulements extérieurs fort gênants; d'ailleurs, par quels moyens serait assurée l'introduction de la lumière qui devrait traverser des combles qui se trouvent au-dessus des voûtes forcément. Etablirons-nous des coupoles sur pendentifs, construites en briques qu'il faudra recouvrir de plomb suivant le mode romain et byzantin, — non, car les jours y seraient fatalement fort restreints et par quels moyens pratiques

Fig. 92 — Intérieur indiquant la solution par tangence.

y adapterait-on des vitrages directs ? Comment d'ailleurs dans les deux hypothèses signalées ci-dessus, les eaux s'écouleraient-elles, à moins d'établir des points d'appui creux, ce qui, avec les matériaux auxquels il faudrait recourir, entraînerait des sec-

Fig. 93. — Intérieur indiquant la solution par croisements.

tions inutilement fortes et une série de difficultés dans l'exécution.

Ferons-nous emploi du métal ? Pas davantage, à moins de retomber dans les inconvénients signalés pour la Galerie des machines.

Si renonçant à ces divers moyens, inutilement coûteux et d'une application fatalement défectueuse, nous profitons des avantages qu'offre, à tous points de vue le ciment armé et que j'ai fait ressortir précédemment, la solution pratique du problème devient parfaite et nous conduit à des expressions en harmonie avec les conditions matérielles. La question architectonique et architecturale se pose nettement et pour la résoudre, l'architecte, en faisant intervenir un genre de matériaux particulier, s'inspire d'un principe nouveau de construction : celui de la solidarité générale des ouvrages avec unité de structure.

Disons tout d'abord que le procédé en question nous offre des moyens d'exécution assurant cette solidarité, deux surtout dont l'expérience est acquise désormais. Ce sont, soit les croisements, soit les tangences des armatures métalliques, lorsqu'ils sont garnis du ciment qui les bride et les met en état de conservation indéfinie. Ces moyens s'appliquent aux épines des plafonds ou voûtes par le rattachement de leurs barres de fer et par la maille qui les enveloppe (voir les vues intérieures, fig. 92 et 93). Pour réunir ces épines aux piles verticales, il faut prolonger les éléments métalliques dans des massifs de briques ou de béton descendant jusqu'au sol, qu'il s'agisse, dans les substructions, de puits ou de patins. Dans le cas présent la figure 94 montre la disposition, en plan, des piles qui sont prévues creuses en vue de l'écoulement des eaux et de la ventilation établis aux pieds de ces points d'appui. Ceux-ci affirment verticalement sur leur surface développée la place des armatures et leur rencontre, en prolongement, avec les épines des ouvrages supérieurs, plafonds, terrasses ou voûtes.

De cette constitution simple et rationnelle naît une expression tout à la fois architectonique et architecturale qui résout le problème dans son entier, sans qu'il soit indispensable de faire intervenir des éléments décoratifs appliqués. La peinture

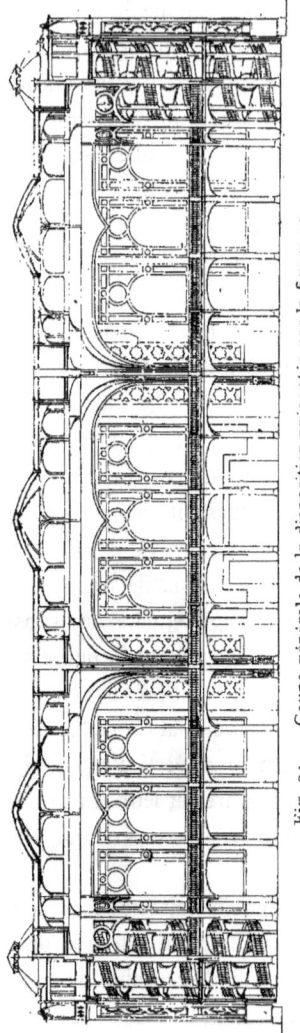

Fig. 94. — Coupe générale de la disposition présentée par la figure 92.

suffira à cet égard, à moins que des éléments de céramique enfilés n'aient été employés, pour la structure elle-même, en vue d'une ornementation plus ou moins riche dont le talent de l'architecte aura déterminé la nature et les formes. Voyons maintenant comment seraient disposés les plafonds vitrés qui sont prévus en forme de calottes, laissant entre elles des parties pleines constituant des terrasses vers lesquelles seraient dirigées les eaux pluviales pour se déverser dans les piliers creux. Ces coupoles aplaties sont sur plan circulaire et portées sur des cercles en ciment se rattachant d'une part aux poutres droites qui réunissent directement les piles entre elles et d'autre part à quatre cercles plus petits dont le centre est placé au sommet de l'arc vertical des points d'appui. Toutes ces pièces sont pourvues, sauf le grand cercle, de liens courbes dont les armatures métalliques se rattachent à celles des piles. On ne saurait méconnaître que, dans un tel système,

CONSIDÉRATIONS GÉNÉRALES

la solidarité générale de tous les éléments, se développant sur une étendue horizontale plus ou moins grande, s'établit sûrement, si on observe en outre que toute l'ossature, également en ciment armé, formant le réseau des vitrages, apporte pour sa part une rigidité que ne détruit aucune solution de continuité. On observera également combien, grâce à la souplesse d'un tel système, il est possible d'établir en contre-bas de la naissance des coupoles un chemin permettant le nettoyage des vitres inférieures, celles supérieures pouvant être approchées par le dessus du vitrage. Les figures 94 et 95 montrant la coupe et l'élévation ex-

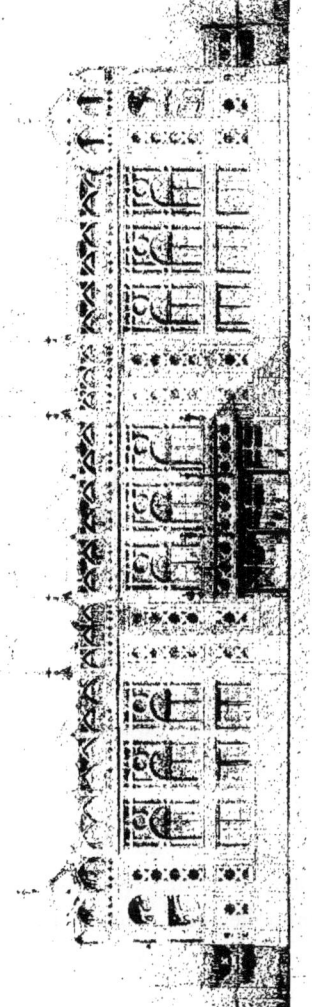

Fig. 95. — Élévation extérieure de l'ensemble.

térieure complètent les indications utiles et suffisantes.

J'aborderai donc un autre sujet d'étude qui a pour but de démontrer que ce n'est pas uniquement dans les très vastes édifices que le nouveau mode de construction apporte des ressources si fécondes, mais aussi, quoiqu'à un degré différent, surtout au point de vue économique, dans les bâtiments d'habitation. Pour faire saisir cette vérité, considérant, suivant l'adage, que qui peut le plus peut le moins, j'ai choisi un programme qui paraîtra peut-être prétentieux, à cause de sa nature exceptionnelle, mais qui a l'avantage de poser bien des questions dont la solution répond, avec plus ou moins d'intensité, à des exigences multiples.

Voyons d'abord comment se présente, à mon sens, ce programme. Il s'agit tout d'abord d'une installation digne du chef de l'État, le dégageant de toute promiscuité gênante avec les services nombreux et divers dont le voisinage s'impose. D'autre part, l'édifice est dans une très large proportion destiné à des réceptions plus ou moins importantes et de natures différentes. Pour celles relativement restreintes, elles peuvent et doivent se faire dans la partie réservée à l'habitation proprement dite, mais pour les fêtes de jour et de nuit, où le grand public est admis, des dispositions spéciales deviennent nécessaires, qui sont peu réalisées actuellement dans le Palais de l'Élysée. Personne n'ignore quelles sont les difficultés d'accès en voiture les jours de grand bal, ainsi que celles inhérentes au stationnement des fiacres et des automobiles qui, toute la nuit, se rangent dans les rues avoisinantes au grand désagrément des habitants du quartier. La place Beauvau, dont on tire parti le plus possible, est cependant d'une fâcheuse exiguïté et bien mal située, par rapport à l'unique entrée

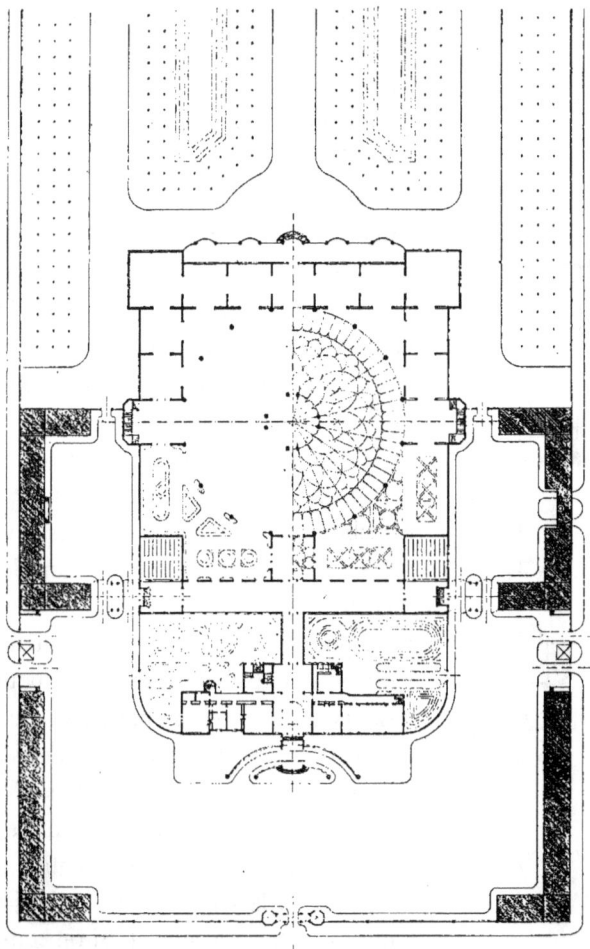

Fig. 96. — Projet-esquisse de Présidence de la République.
(Plan).

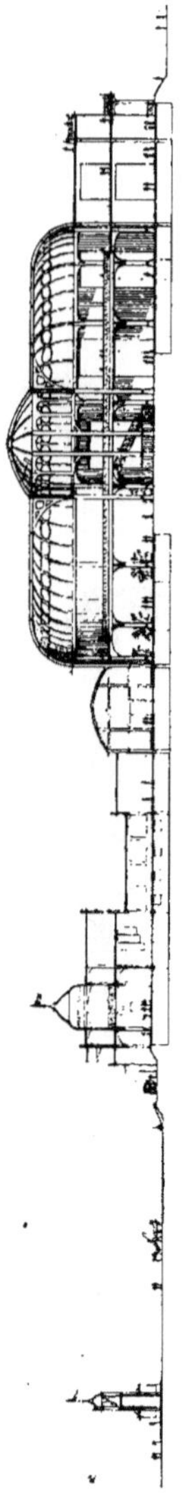

Fig. 97. — Projet-esquisse de Présidence de la République.
(Coupe générale).

du Palais. Dans le projet idéal ci-joint, il est prévu trois entrées qui remédient aux inconvénients signalés ci-dessus en même temps qu'elles facilitent les exigences de la réception, en ce qui concerne les services d'introduction, d'attente et de vestiaire, si importants, lorsqu'il s'agit de réunir des milliers d'invités (voir les fig. 96 à 99). — La disposition générale indiquée ici répond-elle à ces conditions de premier ordre ? je le crois sans toutefois l'affirmer, mais quoi qu'il en soit, elle montre combien le mode de structure, prévu pour tous les bâtiments, en ciment armé, permet de recourir à des distributions franches et simples, évitant, grâce à l'éclairage par le haut, tant de parties toujours laissées obscures dans les conceptions exigeant une accumulation de bâtiments rattachés entre eux pour les besoins des services, importants ou secondaires. C'est ainsi que dans cette esquisse la question de l'éclairage est facilement résolue dans le vestibule principal, dans les galeries d'accès au salon de réception présidentiel, dans la salle des fêtes et les jardins d'hiver qui l'accompagnent. Si on considère l'habitation proprement dite, on constate que l'usage des terrasses permet également de profiter, tant au point de vue de l'éclairage qu'à celui de l'hygiène, des facilités que donne l'emploi du ciment armé. En ce qui concerne le mode de structure adopté pour l'ensemble de tous ces batiments, il est ici comme lorsqu'il s'agit d'un grand espace à couvrir, basé sur l'éta-

Fig. 98. — Projet-esquisse de Présidence de la République.
(Vue perspective intérieure de la Salle des Fêtes).

blissement de piles et de remplissages. Ceux-ci sont constitués au moyen de deux cloisons, laissant entre elles un vide qui fournit un matelas d'air et permet l'installation de toutes les canalisations relatives à l'éclairage, au chauffage et à la ventilation.. Sans entrer ici dans des descriptions détaillées, n'est-il pas certain que l'on peut désormais aborder dans toute sa rigueur le problème entièrement nouveau de l'habitation depuis

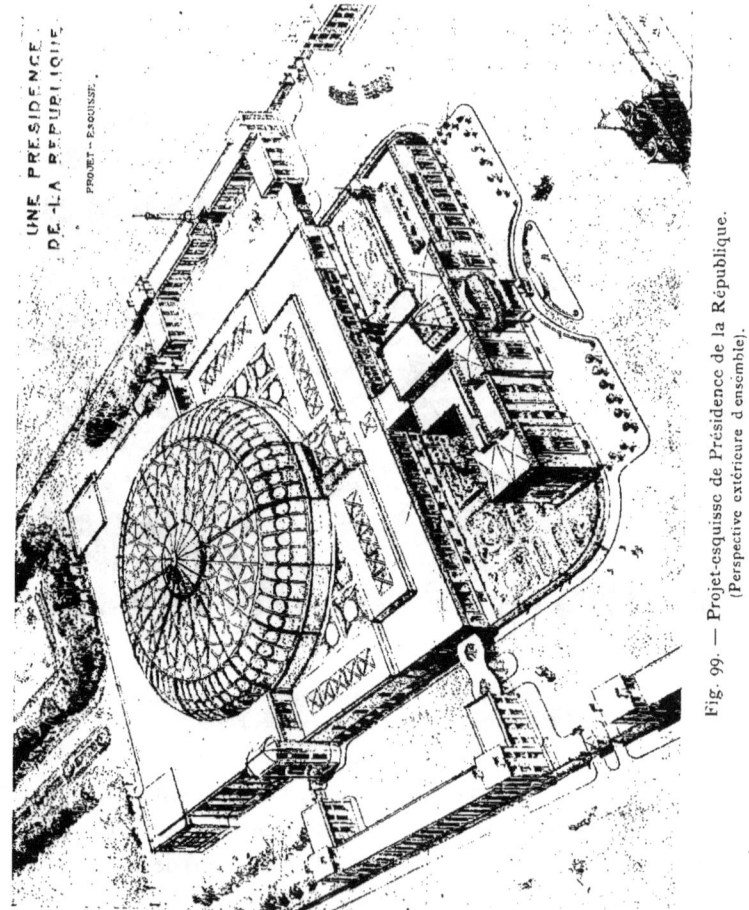

Fig. 99. — Projet-esquisse de Présidence de la République.
(Perspective extérieure d'ensemble).

la maison princière jusqu'à la plus modeste ? Certes, je ne donne pas, dans l'exemple choisi, les indications suffisantes à de telles

CONSIDÉRATIONS GÉNÉRALES

réalisations, mais j'indique la voie dans laquelle il devient possible d'entrer et de marcher vers une évolution dont le but est bien stimulant et, ce qui me met à l'aise pour insister, c'est que je ne m'attribue nullement le mérite personnel d'une telle direction d'idées. Elle est la conséquence de l'observation des nécessités et des ressources présentes, rien de plus.

Je sais bien que, même partisans de mes idées, il se trouvera des lecteurs qui font — et feront longtemps encore peut-être — une objection qu'ils considèrent comme capitale. Ils reconnaîtront que le procédé préconisé permet les réalisations indiquées, mais ils déclareront que l'aspect de la matière ciment est inacceptable, surtout, s'il s'agit d'un édifice public, dont l'apparence esthétique s'impose, en même temps que la perfection des installations. Cette considération assurément a son importance, mais elle ne peut pas arrêter l'architecte, dont les efforts doivent tendre à transformer l'apparence de la matière. Le problème est-il insoluble ? Certes non, et déjà après des tentatives diverses, on peut assez se rendre compte de la nature des résultats obtenus pour ne pas abandonner, faute d'une solution, les admirables ressources que présente ce système. Plusieurs moyens ont déjà été tentés. Tout d'abord l'application sur le ciment d'éléments décoratifs de céramique ou de grès ; assurément ce procédé donne des résultats, mais il ne peut être étendu à des surfaces très développées ; un autre procédé de décoration est donné aussi par le mode d'enfilage des éléments de construction dont on a déterminé les formes plus ou moins accusées, — ce qui donne des combinaisons satisfaisantes, mais cependant également limitées. Enfin d'autres essais — peut-être les plus concluants jusqu'ici — consistent à *intéresser* toute surface, quelle que soit son étendue, sans procéder ni par applique ni par enfilage. Au fur et à mesure que le ciment s'étale on laisse sur l'enduit définitif des éléments de natures diverses, tels que cailloux, débris réduits de verre, de marbre, etc., et les résultats sont excellents, d'autant plus qu'ils sont très économiquement obtenus.

Je ne prolongerai pas ces considérations et conclurai que pour toutes ces raisons la rénovation de l'architecture s'impose, nécessitant une communauté d'efforts pour éviter la fantaisie et l'incohérence. Les essais sur lesquels je viens de m'expliquer brièvement sont-ils définitifs ? Assurément non, mais ils posent du moins les questions qu'il faut examiner, indiquent dans quel sens doivent être dirigées les recherches suivant un ordre d'idées qui ne peut être vraiment et utilement poursuivi que s'il est mis en pratique. Je ne saurais, au surplus, méconnaître les efforts bien intéressants faits par de plus jeunes et qui appuient la pensée que j'ai voulu servir avec une constante et persévérante conviction.

II

LA PROFESSION D'ARCHITECTE

Jadis l'architecte vivait sur les chantiers, au milieu des artisans et des ouvriers, dont il dirigeait et surveillait les travaux, indiquant lui-même les dispositions et les assemblages des éléments de construction, traçant les épures et l'appareil, les moyens d'échafaudage, etc., etc., tout en laissant, d'autre part, aux sculpteurs, aux peintres verriers, aux forgerons, aux artisans du bois ou du métal une certaine initiative qui, maintenue constamment sous sa direction, profitait à l'unité des œuvres, sans en exclure la variété. C'était l'âge d'or de l'architecture; chacun créait véritablement, trouvant des inspirations qui conduisaient à un progrès incessant. Cette façon de procéder, qui a été particulièrement si favorable à l'art gothique, a été abandonnée depuis longtemps ; il en resta toutefois, pendant un certain temps, quelque chose d'utile qui se traduisait par l'éducation que les jeunes recevaient directement du patron, formé par l'expérience. Mais il vint un moment où, sous la pression académique, furent créées des écoles d'art, dans lesquelles on prétendit éduquer et instruire les architectes par des cours théoriques et des exercices, en dehors de tout contact avec la pratique des chantiers.

Dès lors tout ce qui pouvait stimuler l'invention fut méconnu, des données décoratives puisées dans les ordres d'architecture servirent de base à la composition des projets demandés aux élèves. Ceux-ci ne virent plus, — c'était fatal, — que dans le dessin et l'image le moyen de se faire comprendre des exécutants, qui, sans direction, laissèrent tomber la main-d'œuvre et les métiers, autrefois si brillants. Cependant, sous l'influence de l'étude des œuvres du moyen âge au xixe siècle, les métiers se relevèrent; l'architecte profita de ce renouveau, mais sans y participer utilement, abandonnant à des entrepreneurs et à des contremaîtres la partie vraiment technique et pratique de son art. Il en est encore ainsi actuellement. Au fur et à mesure que des découvertes scientifiques et des applications industrielles nouvelles enrichissent le domaine de la construction, par l'introduction dans le bâtiment du fer et du ciment armé, appelés à tout révolutionner, qu'on le veuille ou non, il se crée des spécialités qu'exploitent les ingénieurs et les constructeurs de tout ordre, imposant leurs solutions plus ou moins satisfaisantes. En ce qui concerne les moyens de chauffage et de ventilation, ainsi que pour l'installation de tous les services qu'exige, de plus en plus, le goût du confort, il en est de même; tout échappe dans l'étude pratique, sauf la combinaison du plan et la décoration de la façade, à l'architecte qui, la plupart du temps, doit subir, dans les détails de l'ornementation intérieure, les élucubrations du tapissier, du staffeur, du céramiste, du vulgaire peintre décorateur, auxquels la clientèle officielle ou privée ouvre les portes, dès que le gros œuvre est terminé.

Pour donner une idée du peu de souci qu'en général ceux qui font bâtir ont de la direction qui incombe à l'architecte, je citerai un fait bien caractéristique. Le maire d'une ville importante de l'Ouest appela dernièrement un architecte de Paris, connu pour ses travaux en ciment armé ; il lui soumit le programme d'un édifice municipal, lui en demanda le plan et le système de construction y correspondant, mais en déclarant qu'il n'aurait pas à se préoccuper de la façade, l'étude de celle-ci étant réservée à l'architecte de la ville. Tout commentaire serait inutile.

Je rappellerai également un autre fait qui est probablement connu, mais qui montre quelle singulière idée se font souvent les administrations, au sujet des services que *l'architecte* doit rendre.

Il s'agit d'une grande salle de l'hôtel de ville d'une cité méridionale, laquelle offrait un grand local dépourvu de points d'appui intermédiaires. On la trouvait trop nue et l'architecte fut chargé d'établir des colonnes qu'il dut suspendre au plafond et contre lesquelles on ne peut s'appuyer, car elles bougent au moindre contact ; le plancher bas n'était sans doute pas assez fort pour porter cette charge. Ceci est d'ordre administratif, mais que de ridicules dispositions ne croit-on pas pouvoir imposer à l'architecte qui, heureusement, se refuse souvent à ces fantaisies ! J'ai habité un appartement dans l'antichambre duquel de fausses solives en bois avaient été rapportées sous le plafond, de façon à imiter une disposition gothique ou Renaissance, on ne sait au juste ; toujours est-il que cette spirituelle solution était due au précédent locataire, qui est un de nos célèbres auteurs dramatiques ! A quel ordre d'idées obéissent les administrateurs, les propriétaires en agissant ainsi ? Ces idées sont diverses, mais elles résultent surtout du manque d'autorité de l'architecte, du fait de son détachement de tout ce qui revêt un caractère pratique, en vue duquel il n'a pas été éduqué. Certains résistent plus ou moins victorieusement à ce regrettable état de choses, mais ils sont rares et leur exemple ne fait que confirmer la règle générale.

On s'étonnera peut-être que dans une corporation où se trouvent tant d'hommes instruits et en général très dévoués à l'exercice de leur profession, ceux-ci ne puissent reprendre la direction de tous les éléments épars, redevenir de vrais maîtres d'œuvre, tenant tout en main, dans une concentration qui seule peut amener une rénovation et conduire à une évolution que beaucoup d'entre eux voient nécessaire et qu'ils souhaitent. Il existe cependant des sociétés d'architectes, dont certaines sont puissantes d'influences et de ressources ; mais ces groupements se sont formés suivant des affinités de milieux ou d'école, et aucun lien, si ce n'est une confraternité en apparence courtoise, ne rattache entre elles ces sociétés, où, dans leur sein même, des vues très différentes se manifestent. Ce manque d'union est déplorable. Ajoutons que la profession est recrutée parfois d'une singulière façon, — conséquence d'une condition qui a ses avantages et ses inconvénients. La profession est libre et, de ce fait, le premier venu peut l'exercer, du moment qu'il paie patente. Ses connaissances, ses aptitudes, son expérience, ne sont en rien contrôlées et les clients qui s'adressent à lui n'ont d'autre garantie que la responsabilité incombant au professionnel, parfois, il est vrai, fort lourde.

Mais en attendant, un intrus incapable ou peu honnête, victime ou non de cette responsabilité, peut déconsidérer la profession, contribuer à détruire le prestige et l'autorité des véritables militants.

Ce danger est d'autant plus redoutable que les travaux ne vont pas aux personnalités les plus compétentes. Mais que faire à cet égard ? La pensée de supprimer la liberté de la profession s'est souvent manifestée, mais elle a toujours trouvé une forte résistance, en présence de la difficulté de constituer des juges impartiaux pour la délivrance d'un titre.

S'il ne s'agissait que de constater les connaissances scientifiques et pratiques, la résistance opposée à une mesure nécessaire serait, semble-t-il, facile à vaincre, mais la question de la liberté dans l'art, qu'il est bien dangereux de vouloir éliminer, se pose, et c'est alors que l'impartialité présumée des juges n'inspire pas confiance. Tant que la querelle entre les classiques et les gothiques, qui date de loin, ne sera pas complètement apaisée et qu'on n'aura pas reconnu que les époques qui nous ont précédés ne nous sont utiles que dans leurs principes appliqués à l'exclusion de leurs formes, en d'autres termes, tant que le procédé d'imitation continuera d'être patronné officiellement, il sera sage de maintenir le régime de la liberté dans la profession. Je ne crois pas utile d'approfondir davantage cette question, mais il est indispensable de signaler que, parmi les causes qui ont amené l'amoindrissement de l'architecte, elle a son importance.

La profession d'architecte, telle qu'elle est exercée actuellement, est donc très menacée et cependant elle s'encombre, tous les jours davantage, par le nombre des élèves sortant de l'École des Beaux-Arts et dont beaucoup végètent tristement, malgré l'obtention d'un diplôme délivré souvent trop facilement et qui d'ailleurs ne prouve nullement de véritables capacités pratiques et techniques. Cette institution a été imaginée à la suite de tentatives infructueuses tendant à la suppression de la liberté de la profession, mais elle ne constitue qu'une équivoque en conférant un grade qui n'est pas légalement nécessaire.

Cette contradiction ne paraît pas émouvoir en haut lieu, malgré les réclamations nombreuses qui se sont manifestées dans certains groupements d'architectes; cependant le fait que ce diplôme n'est accordé qu'à des élèves de l'École officielle est parfois très nuisible à des jeunes architectes qui, éduqués dans d'autres milieux, se voient refuser des travaux sous prétexte qu'ils ne sont pas diplômés.

On le voit, la corporation d'architecte est entourée d'écueils, dont elle ne peut éviter les dangers toujours plus menaçants, sans un accord entre les sociétés qui, seules, possèdent des moyens d'action, pour obtenir la réforme de l'enseignement. Si on n'arrive pas à s'entendre sur ce point capital, il n'y aura jamais aucun remède efficace à la situation actuelle.

III

L'ÉDUCATION ET L'ENSEIGNEMENT

Si je reporte mes souvenirs vers le milieu du XIXe siècle, époque à laquelle j'entrai à l'école des Beaux-Arts dans l'atelier d'Henri Labrouste, je reconnais hautement que l'instruction donnée alors dans ce centre officiel était bien moins étendue qu'elle ne l'est aujourd'hui. On y a introduit, depuis, des cours d'histoire de l'art, on y a développé des cours de théorie, et, dans une certaine mesure, de construction, conformément aux connaissances scientifiques modernes; on donne aux élèves des programmes parfois plus pratiques qu'autrefois et on les exerce, de façon plus brillante, dans le sens du dessin, trop poussé cependant vers l'aquarelle. En outre on a laissé pénétrer, pour l'étude des projets, l'application de formes empruntées à d'autres époques qu'à celle antico-classique en honneur au commencement du XIXe siècle et où se résumait toute composition architecturale, rêvée ou réalisée. Assurément le progrès semble considérable, mais il est illusoire. L'accumulation de ces nouvelles connaissances a fourni des éléments qui facilitent les compositions d'école, les rendent en apparence moins *pompier*, plus brillantes et moins banales. Mais de là est né cet éclectisme que j'ai déjà signalé et qui, sans direction suffisante et sans raisonnement, a amené l'incohérence, le désarroi, au détriment de la trinité *du vrai, du beau et de l'utile*, que les architectes avaient pris pour devise, lorsque les républicains adoptèrent la formule qui promettait la liberté, l'égalité et la fraternité.

Je ne ferai pas à cet égard un rapprochement qui m'entraînerait hors du cadre dans lequel il convient de rester ici, si ce n'est pour observer que si les réformes sociales sont longues à s'accomplir et à porter leurs fruits, il n'en serait pas de même pour celles que réclame l'architecture. Puisque ce mot de réformes vient sous ma plume, je profiterai de l'occasion pour rappeler tout d'abord des souvenirs personnels qui remontent loin, mais qui pourront, peut-être, jeter un certain jour dans l'esprit de ceux qui, en grand nombre, se dirigent vers la carrière d'architecte avec une ignorance complète du milieu dans lequel ils vont se trouver.

En même temps que se manifestait l'influence intellectuelle du Romantisme, dans l'ordre pratique, la science mettait au service de la construction des éléments nouveaux; tout cela, joint aux nouvelles conditions sociales qu'avait entraînées la Révolution, ouvrit les yeux aux militants de l'architecture. C'est au sein même de l'école des Beaux-Arts que se montra l'esprit révolutionnaire, qui réclamait, dans l'enseignement, l'introduction de réformes considérées comme nécessaires. Ce mouvement ne s'affirma pas dans un sentiment unanime, mais il entraîna une importante minorité qui choisit, comme chef d'atelier, un jeune architecte, très apprécié pour le sens logique qu'il tenait de ses études, faites particulièrement sur les monuments grecs. Lorsqu'il revint de l'école de Rome, dont il avait été élève comme lauréat du grand prix, le groupe nouveau l'acclama et il fut porté en triomphe dans les rues avoisinant l'École. L'enthousiasme était à son comble et c'est avec un ardent désir de rénovation que l'atelier, qui venait de le choisir comme patron, se mit à l'œuvre.

Trop jeune alors, je n'ai pas assisté à ce début, et ce n'est que plusieurs années après que j'entrai dans l'atelier d'Henri Labrouste, où on admirait beaucoup les « anciens » qui allaient devenir des architectes remarquables, doués de sens technique, en même temps que chercheurs habiles dans des compositions appuyées sur la logique. Avaient-ils fixé un caractère nouveau dans l'ensemble de leurs œuvres ? Non. Mais ils étaient entrés dans une voie nouvelle, qu'avait tracée le maître par des indications et des applications qui ont été citées plus haut. A ces efforts, plus ou moins fructueux vint s'adjoindre un élément d'une importance singulièrement décisive dans le sens révolutionnaire, l'apparition du dictionnaire d'architecture française, dont Viollet-le-Duc avait entrepris la publication, avec son génie de constructeur et de dessinateur; à l'atelier on s'arrachait les fascicules de ce livre surprenant et on y trouvait, à chaque page, un encouragement à poursuivre la voie rationnelle, dans laquelle on s'était engagé avec un bagage insuffisant, par suite des connaissances limitées à l'antiquité d'Henri Labrouste. Il vint un moment où notre vénéré chef d'atelier, fatigué, nous déclara qu'il ne pouvait continuer son enseignement, qu'il ne nous désignait pas de successeur, mais nous engageait à le choisir nous-mêmes. A la suite de cette déclaration, les élèves se divisèrent ; les uns pour aller à l'atelier André, avec mon camarade Guadet; les autres, pour demander à Viollet-le-Duc de fonder un atelier. Je fus chargé de cette mission. Viollet-le-Duc accepta et le nouvel atelier fut installé rue Bonaparte, non loin de l'école où les élèves voulaient continuer à exposer des projets, suivant un usage auquel l'idée ne leur venait nullement de renoncer. Viollet-le-Duc eut le tort d'accepter ce compromis qui n'avait pas réussi longtemps à Henri Labrouste. En effet une scission s'était produite et Labrouste avait du abandonner son atelier, dans lequel, par suite de l'influence de l'école sur quelques-uns, l'enseignement logique était devenu rapidement incompatible avec celui donné officiellement. Toujours est-il que Viollet-le-Duc ouvrit son atelier et que, pour prendre contact avec ses élèves, il proposa un programme d'ensemble fort stimulant. Il s'agissait de la création d'une ville nouvelle en Algérie, de concevoir tous les monuments qu'elle devait renfermer : mairie, hôpital, église, écoles, jusqu'au château d'eau devant alimenter la cité. Chacun se partagea la besogne et, lorsque les projets furent soumis au Maître, celui-ci bondit de surprise et parut douloureusement affecté, quand il constata que presque tous ces projets avaient donné lieu à des élucubrations d'un gothique plus ou moins troubadour. La plupart de leurs auteurs avaient cru que là était la voie dans laquelle ils allaient être entraînés. Cette exhibition était d'un haut comique, et je dois dire que je n'étais pas, dans mon étude du théâtre, tombé dans cette erreur grotesque. Si je fais cette déclaration, c'est pour montrer que j'avais foi en Viollet-le-Duc, qui, dans la préface de son dictionnaire, s'était consciencieusement défendu de préparer une renaissance gothique des formes. Je crois pouvoir affirmer que chez les élèves de la première heure d'Henri Labrouste, cette conviction était la même. A ce propos je citerai un mot d'Eugène Millet, le véritable restaurateur du château de Saint-Germain et qui fut un moment professeur de construction à l'école des Beaux-Arts; il disait un jour entre confrères : j'ai eu deux maîtres, Labrouste et Viollet-le-Duc ; le premier m'a montré comment il ne fallait pas faire, le second, comment il fallait faire. Cet aveu fait bien ressortir la communauté de doctrine de ces deux hommes qui voulaient enseigner par la logique et le raisonnement. S'ils avaient été aidés dans le sens des réformes qu'ils réclamaient, l'architecture se serait acheminée vers des solutions progressivement rationnelles, et nous serions plus avancés que nous ne le sommes actuellement.

Cependant, il faut bien le dire, quiconque avait travaillé sous la double direction de Labrouste et de Viollet-le-Duc n'était que fort peu armé, car il se trouvait en face de ce dilemme : ne faire ni classique ni gothique, ou ne demander à ces styles que des emprunts absolument justifiés. Or, pour qui s'engage dans cette voie, il devient bientôt certain qu'elle ne peut conduire au but et que, pour résoudre logiquement les problèmes actuels si impérieux, il faut tout créer à nouveau. Mais un tel effort peut-il être fait isolément sans qu'une direction, dans un enseignement commun et surtout dans une éducation commune, l'ait provoqué au préalable? Malgré cela, bien des tentatives isolées et ne manquant pas d'intérêt se sont manifestées, mais sans résultats certains, et il apparaît que les compromis qu'elles accusent sont plutôt une entrave nouvelle à la recherche de la vérité pour l'architecture contemporaine. Où trouver dès lors le stimulant qui dirigera les chercheurs, si ce n'est, comme nous l'enseigne le passé, aux grandes époques, dans le retour intégral à la construction, — et ne sommes-nous pas d'autant mieux armés, grâce aux nouveaux moyens de structure, franchement utilisés. Quoi qu'il en soit, les réformes en question furent bien décidées par le gouvernement, en novembre 1863, mais elles se heurtèrent à une résistance fortement organisée, que Viollet-le-Duc ne put vaincre, car là encore, comme dans son atelier qu'il dut abandonner, il s'était trompé. Son enseignement ne pouvait se passer du secours de la pratique et au lieu de s'appuyer sur cette ressource fondamentale et féconde, il prêcha l'esthétique à de jeunes esprits qui n'étaient pas préparés à saisir les développements philosophiques sur lesquels s'expliquait et s'étendait le professeur. Bref, il dut quitter la place; mais du moins, le fait avait touché les représentants de l'enseignement officiel et c'est de ce moment que datent à l'école de la rue Bonaparte, les améliorations auxquelles il a été fait allusion plus haut. Elles n'ont pas été radicales, aussi n'ont-elles pas détruit l'ordre d'idées très vague qui est en honneur depuis si longtemps dans ce centre d'enseignement; d'ailleurs elles n'ont pas été sincèrement appliquées.

L'incohérence y règne plus que jamais; il n'y a aucune corrélation entre les cours de construction et la composition des projets. D'une part on enseigne à l'élève que la science a fixé par le calcul les moyens d'économiser la matière; d'autre part on laisse entendre aux élèves que *l'art* ne peut se plier à des raisonnements nettement formulés. Mais on fait bon marché de ces contradictions, sans souci de l'influence fatale qu'elles exercent sur l'esprit des élèves, conduits dans une fausse voie, d'où ils ne peuvent plus sortir dans la pratique de la profession. La science nous démontre que le fer et le ciment armé amènent à des solutions rejetant les points d'appui inutiles, mais on laisse ceux-ci s'introduire, quand même, dans les projets sous prétexte qu'il faut respecter les proportions dont l'antiquité aurait montré et fixé les règles. Celles-ci étaient la conséquence de systèmes de construction absolument différents des nôtres, mais peu importe, l'art avant tout ; c'est donc l'art qui dirige tout, mais qu'entend-on par ce mot art et ne voit-on pas qu'en somme l'art n'est, dans l'enseignement académique, que l'exploitation commode de formes dont il est inutile de connaître la cause rationnelle ? Pour être artiste la foi suffit. Il serait facile, de donner d'autres preuves de cet esprit de contradiction qui règne dans l'École. On a fini par y créer un cours d'architecture du moyen âge, que les élèves, hâtons-nous de le dire, ne sont nullement forcés de suivre et qui n'a aucune consécration dans les examens ; il n'y a donc là qu'une concession hypocrite aux partisans de l'art gothique, en leur laissant croire que nos architectes sont éduqués avec les connaissances qu'imposent aujourd'hui la conservation et l'entretien des monuments français pour lesquels on s'est repris d'une admiration sans limites. Il n'en est rien cependant, car les principes de structure, sur lesquels sont fondés les œuvres du moyen âge, sont totalement ignorés de la plupart des architectes sortant de l'École, et surtout des plus brillants qui continuent à considérer l'étude de cette période comme un « poison ».

Ceci dit, je reviens à mon exposé historique. Après les échecs que j'ai signalés et qu'il ne put ou ne sut éviter, Viollet-le-Duc reprit la véritable influence que sa doctrine pouvait avoir lorsqu'elle était appuyée par une technique puissante et des applications pratiques, et c'est dans le cours des restaurations de nos monuments diocésains et historiques qu'il démontra l'utilité de recourir à la raison dans l'exercice de la profession d'architecte, pour composer et réaliser. Il s'entoura ainsi de disciples toujours plus nombreux et convaincus.

Indépendamment de ce retour aux principes, il fit, après l'achèvement de son dictionnaire, d'autres tentatives dans différentes publications, particulièrement dans ses entretiens sur l'architecture. Là il se proposa d'indiquer comment le fer et la fonte peuvent intervenir dans la composition d'architecture, mais il n'apporta pas de solutions nettement réalisables, en raison de ce fait que l'emploi du métal n'est que médiocrement applicable dans les édifices fermés, comme j'ai cherché à le démontrer ici même. Il n'avait pas prévu le ciment armé, mais il avait cependant émis ce principe que, lorsque l'homme a le sentiment inné de la construction, il est capable de concevoir et d'exécuter même avec du carton, la question d'épaisseur, dans l'emploi de la matière, n'étant pas un obstacle à la solidité. A cet égard le ciment armé est concluant et donne, en plus, la preuve que la faible épaisseur ne nuit pas à la durée des ouvrages. J'ai dit plus haut ce que j'ai cru suffisant à propos de ce genre de matériaux, je n'y reviendrai pas, mais puisqu'il s'agit ici d'enseignement, je rappellerai que grâce à l'unité de structure à laquelle ce procédé oblige logiquement de recourir, l'architecte se trouve en possession d'une méthode qui peut le conduire à raisonner sûrement et utilement lorsqu'il veut construire avec d'autres moyens. En un mot cette méthode est applicable à tous les systèmes de construction, parce qu'elle force à raisonner.

Je suis donc amené à demander et à souhaiter que le ciment armé soit étudié, dans les cours de construction, à la condition que pour ce système, — et ceci est vrai pour tous les moyens d'exécution, — la pratique et la composition soient inséparables de la théorie. C'est dans la solidarité des éléments d'instruction qu'est le secret de l'éducation professionnelle de l'architecte, dont on tarde indéfiniment à s'occuper en croyant que l'instruction théorique y est suffisante. Que l'architecte soit élevé avec le sentiment de l'art, soit ! Mais l'art ne s'enseigne pas et je suis, pour ma part, fort intrigué par cette affirmation si souvent répétée que l'architecte doit avoir une forte instruction artistique; aussi ai-je passé ma longue vie en me demandant en quoi elle consistait. J'ai constaté qu'elle se résumait, pour bien des gens, dans l'utilisation de formes et de dispositions qui ont été créées et imaginées par des hommes vivant en d'autres temps, et dont les efforts ont abouti à des résultats qui sont en contradiction avec nos besoins et nos exigences. Que l'on fonde l'enseignement — dit artistique — sur des exercices consistant en projets pour lesquels seront reproduites les ordonnances et les formes grecques, romaines ou gothiques, le résultat est le même. Un tel plagiat enlève à celui qui en use le sentiment naturel de l'art, alors que tout homme sain d'esprit et instruit scientifiquement dans l'emploi de la matière, y trouvera toujours un nouvel élément conduisant à l'invention. Qu'on fasse saisir à l'élève architecte comment l'expression esthétique se rattache à la structure, rien de mieux et de plus utile pour former son goût et son jugement, mais l'amener à cette vérité par la copie d'un bagage artistique qui n'est plus rationnellement applicable, c'est une erreur et un danger; il suffit de jeter un coup d'œil d'ensemble sur ce qu'a produit depuis longtemps ce mode d'enseignement, pour le condamner désormais.

En France le sentiment artistique qui a toujours été très créateur, n'est pas épuisé à l'époque présente et si nous avons, dans le moyen âge, l'exemple de nos devanciers pour nous guider, nous possédons, dans l'ordre matériel, tant de moyens nouveaux et stimulants ! N'est-ce pas suffisant pour faire naître de nouvelles manifestations françaises, si on procède avec méthode, en commençant, dès le début des études, à en appliquer le bienfait. La réforme est à la base de l'enseignement et dans une orientation nouvelle, qui devrait être visée et fixée radicalement.

L'École des Beaux-Arts forme actuellement des architectes brillants, habiles dans la composition sur le papier, et qui sont plus instruits, sur bien des choses, que nous ne l'étions dans ma génération ; mais de cet avantage ils ne tirent pas le parti vraiment profitable, détournés qu'ils sont du progrès à accomplir par des préoccupations qu'ils commencent à avoir, dès leur entrée dans l'atelier : se montrer artiste dans la section d'architecture, comme les militants de la peinture et de la sculpture... et tous leurs efforts tendent dès lors à donner des preuves de talent qui sont éphémères, car on ne les retrouve pas dans l'exercice de la profession, où se présentent des difficultés non prévues et auxquelles une éducation appropriée ne les avait pas préparés. Dans tous les arts, le métier a une part importante, mais chez l'architecte il est considérable et prime tout ; voilà ce qui n'est pas suffisamment compris dans le milieu officiel de l'enseignement. En tout cas il n'est pas tenu compte de cette condition capitale et impérieuse. Dès lors, l'élève se désintéresse, pendant le temps des exercices auxquels il est soumis, de tout ce qui vraiment peut le stimuler, et une fois entré dans la carrière, il ne sait pas donner une direction même à ce qui touche le plus ses prétentions d'artiste. Ce désintéressement ou cette insuffisance a des conséquences déplorables et dangereuses, en ce qui concerne l'art que nous appelons décoratif, lorsque nous constatons les efforts faits chez nos rivaux, pour nous enlever notre antique suprématie artistique, en même temps que notre richesse commerciale. Je ne suis pas très admirateur du caractère donné à l'étranger, au mobilier et aux objets qui s'y rattachent, mais ce qui mérite d'être observé et imité, c'est la méthode avec laquelle on forme les travailleurs de la matière, la communauté d'idées et d'efforts qui les anime et les soutient : en un mot la préoccupation des réalisations consciencieuses et sincères. Qu'on prenne chez nous la décision et le temps nécessaires pour remettre les choses au point, et nous verrons surgir, comme nous venons de le dire, de nouvelles manifestations vraiment françaises, conformes à l'esprit de notre race, auquel est dû tout ce que nous admirons dans le passé. Mais tant que nous déclarerons que le salut est dans la seule tradition, en n'y puisant que des exemples uniquement choisis pour leurs formes, sans souci du mécanisme intellectuel et technique qui les a fait naître, nous retomberons indéfiniment dans l'imitation, sans arriver à une évolution.

C'est fort bien, sans doute, de mettre en contact, dans une école d'art, les architectes avec les peintres et les sculpteurs, mais il serait plus logique et plus utile de les rapprocher des décorateurs, dont les recherches ne sont, en somme, soumises à aucune concentration et à aucune direction. Et c'est là une faute grave que ne commettent pas les étrangers, où les artisans pour arriver avec succès aux applications, sont astreints à une discipline. Et cette direction, c'est l'architecte qui doit la donner ; mais pour qu'il puisse l'exercer utilement, il faut qu'il soit fortement armé par la technique et éduqué dans le sens des réalisations pratiques, en dehors des rêves vers lesquels il est poussé depuis trop longtemps. L'art devrait aujourd'hui, comme jadis, pénétrer partout, mais ce n'est pas en n'envisageant que l'habitation et le mobilier des riches et des maîtres du jour qu'on atteindra ce but. Sans limiter l'architecture aux habitations à bon marché, il faut cependant qu'on en cherche la solution, si on veut faire revivre le sentiment artistique national. Si le peuple, où se recrute l'ouvrier, est écarté du mouvement de rénovation qu'on voudrait provoquer, les intellectuels continueront à se débattre dans le vide. Une seule et même méthode doit diriger l'architecte et le décorateur, les constructeurs et les artisans, qu'il s'agisse de bâtiments, de meubles simples ou riches. Est-ce vers ce but que conduit l'enseignement officiel? Telle est la question qui se pose à l'heure actuelle avec une acuité qu'on se refuse à voir, et c'est ainsi qu'on ajourne indéfiniment la solution des problèmes économiques et artistiques, à propos desquels se fait cependant tant de bruit, se prononcent tant de discours, sans que le fond du sujet soit examiné.

Je ne m'étendrai pas davantage sur le mode d'éducation qui doit être donné aux professionnels, mais je voudrais, avant de quitter ce sujet, appeler l'attention sur la nécessité d'en faire profiter tout au moins les clients officiels et privés qui, tant par leur situation que par leurs ressources pécuniaires, sont appelés à faire construire pour le compte des contribuables ou pour leur propre compte. J'ai signalé, avec preuves à l'appui, combien est singulière la mentalité générale en ce qui concerne l'architecture et quelle était la prétention de s'y connaître sans être du métier.

Je n'ai pas voulu dire par là que l'intervention du client ne peut pas être utile dans l'établissement des plans qu'il provoque ; ma pensée est toute contraire, mais il conviendrait toutefois que le client ne se laissât pas guider par des considérations fort troublantes pour celui qui doit réaliser une pensée. Aussi est-il regrettable que toute connaissance, la plus élémentaire, de ce qu'est l'architecture dans ses principes, échappe au public et on ne s'explique pas comment on ne songe pas à combler cette lacune dans les milieux d'enseignement, où figurent tant de matières moins utiles que ne le serait la vulgarisation raisonnée des édifices. Ce serait encore là un moyen de plus et bien efficace pour détruire ce goût d'imitation exercé sans discernement par la clientèle, qui n'est renseignée à cet égard que par la multiplicité des cartes postales, ou des visites rapides faites, dans les monuments, sans autre direction que le boniment des gardiens.

J'ai connu cependant des proviseurs de lycée qui comprenaient parfaitement l'intérêt que présente cette question ; j'ai même proposé de faire gracieusement des conférences, appuyées de projections devant des élèves, mais on m'a toujours répondu que le temps, réglé d'avance pour tous les exercices intellectuels et matériels, s'opposait à toute innovation de ce genre. Il y aurait cependant, à ce sujet, quelque chose à faire, en faveur de l'art d'utilité et d'enseignement historique qu'est l'architecture.

CONCLUSION

De l'exposé général et des observations qui précèdent, tant sur le passé que sur le présent de l'architecture, je conclus logiquement que le procédé *d'imitation* des formes créées par l'antiquité et le moyen âge, exploitées en dehors des principes depuis la Renaissance, doit être désormais radicalement abandonné. Les conditions sociales, les exigences multiples, ainsi que la nature des moyens d'exécution, en raison de leur nouveauté absolue, obligent l'architecte contemporain à revenir à la théorie des principes et à leur application méthodique.

Depuis trois siècles, l'architecture s'est appuyée sur des organismes qui n'étaient qu'apparents, puisque les éléments d'emprunt étaient en contradiction constante avec les moyens de construction; aussi de ce fait, et faute de substance rationnelle, est-elle condamnée fatalement à périr et n'est-il que temps d'aviser, pour orienter cet art vers un nouvel organisme, nettement et sincèrement approprié aux nouveautés de l'heure présente. Mais pour atteindre ce but, il ne suffirait pas de revenir aux systèmes rationnels de bâtir des Grecs ou des Gothiques, car aucun d'eux ne peut être utilisé pour la satisfaction des besoins et l'emploi des ressources modernes. C'est dès lors une révolution sociale qui s'impose aujourd'hui dans le domaine de la construction, et d'elle seule peut naître la solution du problème architectural contemporain.

La connaissance des grandes périodes de l'art nous est toutefois indispensable, en tant qu'elles nous offrent des manifestations éclatantes d'un art vrai et sincère. C'est là qu'est la puissance de la tradition, mais là seulement. Le jour où l'architecte sera pénétré de cette vérité et dirigera ses vues dans le sens rationnel qui a fait la force et la grandeur d'un passé créateur, il accomplira de nouveaux efforts et trouvera, dans tout ce qui l'entoure, les éléments nécessaires à une rénovation souhaitée et même *voulue* plus ou moins consciemment de toutes parts.

Notre époque se distingue assez impérieusement de celles qui ont précédé pour mériter d'avoir son architecture propre, et elle est assez armée d'intelligence, de goût et de science pour diriger et stimuler l'esprit de recherche et d'invention qu'il s'agit de faire revivre au bénéfice d'exigences matérielles multiples et désormais imposées. Il faut nous débarrasser d'un procédé d'inspiration qui, devenu grotesque et déshonorant pour notre temps, le met dans un état d'infériorité, même au regard des siècles derniers, qui ont mieux imité que nous.

Tout ce qui est nécessaire à l'évolution est entre nos mains, mais nous nous en servons sans esprit de suite, sans concentration aucune des recherches, sans une direction que seuls l'enseignement et l'éducation professionnels peuvent assurer. L'enseignement actuel, comme nous l'avons exposé, est complètement en contradiction avec les nécessités présentes; l'éducation professionnelle est absolument nulle dans le milieu officiel où sont formés les architectes. Malgré les avertissements donnés, depuis trois quarts de siècle, par des esprits clairvoyants qui ont prévu et prédit la déchéance à laquelle nous assistons, la question des véritables réformes reste toujours entière et la seule préoccupation qui apparaisse est celle de la rénovation des arts décoratifs, c'est-à-dire celle de l'apparence, des détails d'ornementation ou des objets mobiliers.

Quant à la branche maîtresse de l'architecture et de laquelle dépend tout ce qui se rattache à cet art, il n'en est pas question et il devient chaque jour plus certain que dans le milieu de l'enseignement officiel et des sociétés militantes, on ne se rend pas compte que, tant que l'architecture *des bâtiments* n'aura pas donné sa note moderne, tout ce qu'on désigne sous l'épithète d'arts décoratifs ne sortira pas des difficultés au milieu desquelles se débattent les quelques artistes qui méritent d'être encouragés, mais qui sont impuissants. Singulière conception, en tout cas, que de chercher à préparer un avenir dans lequel nous verrons des meubles soi-disant modernes s'étaler dans les intérieurs d'édifices publics et privés imités du Louis XVI dont le style est à la mode.

Pour remédier à de telles inconséquences, il n'y a qu'un moyen, c'est de créer enfin l'éducation commune qui doit réunir les architectes, formés à l'école des véritables maîtres d'œuvres, à tous leurs collaborateurs, décorateurs, artisans, industriels, et spécialistes de tous genres ; quels que soient les professionnels qui conçoivent et réalisent à l'aide de la matière, ils opèrent en effet de même dans le vaste domaine de l'architecture ; aussi est-ce un même ordre d'idées, une même méthode de composer et d'exécuter qui doit les animer. Tant que cette vérité, que nous a révélée le passé des époques créatrices, sera méconnue et ne guidera pas l'enseignement et l'éducation du personnel entier qui doit concourir à la rénovation de l'architecture, on n'aboutira à rien.

Est-ce à l'école actuelle des Beaux-Arts qu'il est possible d'introduire ces réformes nécessaires et d'établir le régime commun dont il vient d'être question? Je ne le crois pas, et l'épreuve infructueuse tentée par Viollet-le-Duc est significative à cet égard.

D'ailleurs la pensée académique à laquelle est dû le contact des architectes avec les peintres et les sculpteurs, est un obstacle invincible ; en outre, dans ce milieu, la tradition des formes, imposée comme article de foi, domine tout, et le raisonnement est considéré comme un élément destructeur du sentiment artistique.

Cette croyance, aussi aveugle que déprimante et qui s'appuie sur l'exploitation vague de l'antiquité romaine, dénaturée par la Renaissance et surtout par les XVIIe et XVIIIe siècles, entrave tout esprit d'initiative et tout souci de la construction moderne. Je n'ignore pas qu'on laisse maintenant les élèves libres d'utiliser certaines formes du moyen âge, mais notre art national est si peu considéré rue Bonaparte, que son enseignement n'est, on ne saurait trop le dire, l'objet d'aucune consécration dans les épreuves de diplôme et autres. Si je signale ce fait monstrueux, en y insistant à nouveau, c'est pour faire ressortir combien est peu sincère l'affirmation du respect de la liberté dans l'art qui se retrouve dans tous les discours officiels ; là se borne mon observation, car il ne s'agit pas pour les partisans de la réforme d'opposer une école à une autre, mais de mettre en balance deux ordres d'idées absolument différents, sans préférence pour telles des expressions architecturales du passé, qui toutes sont devenues directement inapplicables.

CONCLUSION 213

La liberté dans l'art n'a donc pas à intervenir dans ce débat, et c'est en pleine équivoque qu'elle est invoquée par les partisans du maintien indéfini de l'état de choses actuel.

C'est en dehors de l'influence académique qu'il faut chercher la solution et créer un foyer nouveau susceptible de provoquer, de soutenir et de concentrer les efforts nécessaires à une évolution prête à se manifester plus rapidement qu'on ne le croit. A l'étranger, où cette révolution s'accomplit à notre détriment, les militants de l'architecture, dans ses diverses branches, trouvent un appui efficace dans l'initiative privée; chez nous l'épreuve est faite, il ne faut pas compter sur un tel concours; ce n'est donc qu'aux pouvoirs publics qu'il est possible de s'adresser, car ils sont éclairés sur la question et, sans trahir le secret professionnel, je puis affirmer qu'en haut lieu on se préoccupe, en maintes occasions, de l'insuffisance des solutions, des dépenses excessives qu'elles entraînent, ainsi que des apparences banales ou extravagantes données aux édifices contemporains. C'est l'État qui tient en mains la direction de l'enseignement, ainsi que les moyens d'action pour le répandre; c'est donc à lui d'agir. S'il n'est pas suffisamment averti de la situation, qu'il se renseigne, qu'il fasse une sérieuse enquête et il se rendra compte de la façon dont cette grosse question de l'architecture est intimement liée à la question d'art, comme elle l'est à l'intérêt public et privé en matière d'économie, d'hygiène, d'apprentissage, etc., etc. Tout cela, jusqu'à présent, va à la dérive, et il est extraordinaire qu'on ne se préoccupe pas davantage de l'éducation de l'architecte, d'y porter remède en fortifiant, dans une orientation nouvelle, l'éducation du personnel militant vraiment utile. Où et comment organiser cet enseignement et cette éducation professionnelle ? A ce propos, une occasion semble se présenter actuellement, dans des conditions qui seraient favorables, sans troubler les errements administratifs et sans exiger des dépenses considérables.

On sait que depuis longtemps il est question d'abandonner les locaux déplorables qui abritent l'École des arts décoratifs, d'élever des bâtiments neufs et de modifier l'enseignement donné dans ce milieu. Ne pourrait-on profiter de cette circonstance pour créer là une véritable école pratique, technique et professionnelle d'architecture, dans laquelle seraient éduqués l'architecte comme futur maître d'œuvre, et tous ses collaborateurs qui, élevés en commun suivant des degrés différents, se retrouveraient plus tard dans la pratique, entraînés dans une voie nettement déterminée sur des bases solides et dirigeantes ?

A cette proposition, on objectera la difficulté de concilier l'existence d'un tel milieu avec la section d'architecture de l'École des Beaux-Arts ; assurément cette question donne à réfléchir, cependant elle n'est pas insoluble, à la condition d'organiser, rue Bonaparte, un centre d'enseignement supérieur que pourraient suivre, en sortant de l'école professionnelle, les élèves désireux — et capables — de pousser plus loin leurs études et leurs recherches, ce complément d'éducation n'étant pas indispensable pour former un architecte. Je ne prétends pas présenter ici un programme détaillé des conditions dans lesquelles l'enseignement et l'éducation professionnelle seraient donnés, et me bornerai à affirmer la nécessité absolue de les baser sur des connaissances techniques et pratiques, vraiment appropriées aux nécessités actuelles et sur des exercices de composition rationnelle, en laissant de côté les applications des styles, quels qu'ils soient.

CONCLUSION

C'est l'inverse du mode actuel, auquel il importe de renoncer radicalement, car c'est lui qui nous a amenés successivement dans l'impasse de laquelle il n'est possible de sortir qu'en cherchant à nous engager résolument dans une voie nouvelle. La solution proposée répond-elle en principe à la nature de la réforme qui s'impose et mérite-t-elle d'être examinée ? Voilà toute la question que je soumets, en terminant, à qui de droit, à tous les intéressés si nombreux, et je n'hésite pas à le dire, si troublés et si inquiets, en présence du désarroi général, au milieu duquel se débattent tant d'intérêts et se font tant d'efforts inutiles.

Je ne m'illusionne pas trop sur les chances de voir prendre une détermination prochaine, et cependant certains indices semblent de nature à faire croire que, par la force des choses, la question finira par être posée sinon résolue. En effet, si nous considérons ce qui se passe dans nos ministères, ou tout au moins à ma connaissance, dans certains d'entre eux, l'administration s'est adjoint des ingénieurs conseils qui sont chargés de contrôler les projets des architectes et par suite de les guider dans certaines natures d'ouvrages, tels que l'installation des moyens de chauffage, d'électricité, de canalisation des eaux ménagères et autres, particulièrement aussi pour la résistance des travaux qu'il s'agit d'exécuter en béton ou ciment armé. Ce fait est très grave, car il affirme que la confiance en l'architecte est très restreinte au point de vue pratique ; mais est-on bien sûr qu'une telle disposition assure les garanties recherchées ? Je ne nie pas la compétence de certains ingénieurs spécialistes, mais leurs conseils viennent toujours après coup, puisqu'au lieu d'aider l'architecte dans ses conceptions, ces conseillers acceptent les dispositions des projets en se contentant de rechercher dans quelles conditions il sera possible d'y appliquer tel ou tel moyen de chauffage, d'éclairage, de plancher et de combles. En vérité il est un peu tard alors pour opérer de façon rationnelle et véritablement efficace. En effet les procédés en question sont à la base du problème architectural, et c'est de leur connaissance ainsi que de leurs indications que l'architecte devrait partir pour concevoir et assurer les solutions.

Croire qu'on peut, sans inconvénients graves de toute nature, disposer des plans ou créer des aspects sans avoir tenu compte de tout ce qui doit concourir aux réalisations économiques, hygiéniques et enfin sagement esthétiques, est une erreur qui ne peut venir qu'à des administrateurs inconscients des exigences et des difficultés que rencontre l'architecte dans l'exercice de la profession. Je sais bien que le système de contrôle auquel on paraît, de toutes parts, le soumettre désormais est la conséquence de ce fait qu'on considère l'architecte comme devant aujourd'hui se borner à des habiletés de distribution dans les plans, à l'établissement de façades faites en vue de plaire à des jurys chargés de récompenser les extérieurs les plus séduisants de nos habitations, mais avec l'intérieur desquelles celles-ci n'ont d'ailleurs aucun rapport direct. On admet aussi que, pour créer ces *beautés contemporaines*, il suffit d'utiliser le bagage artistique qui est derrière nous, de savoir le mettre à toutes sauces, comme un cuisinier qui possède l'art d'accommoder les restes. Dès lors, les difficultés étant bornées à de tels efforts, le système de contrôle paraît suffisant et efficace. Mais alors il faut que la société moderne fasse son deuil des solutions nettes qui cependant s'imposent, par tant de raisons, et qu'elle renonce à l'espoir de voir l'art sortir des répétitions de formes surannées, en opposition avec le bon sens et la vérité.

Eh bien, il est permis de croire, ou, en tout cas, d'espérer que la singularité de cette situation, créée par ces intrusions de l'ingénieur dans l'œuvre incomplète de l'architecte, finira par être reconnue et qu'on se demandera enfin si l'architecte ne doit pas être éduqué de telle sorte que soit inutile le contrôle d'hommes qui peuvent être compétents, mais qui ne participent pas à la conception première des œuvres projetées; car malgré tout, ce contrôle peut être dangereux, en amenant des modifications tardives qui ne sont que des compromis. Comme chez le maître d'œuvre de l'antiquité et du moyen âge, tout doit partir d'un même cerveau, d'une même volonté au service d'une idée. Est-ce à dire que l'architecte n'a pas à utiliser la collaboration de tous ceux qui concourent à l'exécution, en tenant compte de leurs avis, de leur sentiment, de leur savoir et de leur habileté? Assurément non. Mais il ne peut appartenir à aucun de ces collaborateurs de venir donner *in fine* son avis sur l'ensemble d'une conception qui doit être basée sur la connaissance des principes de construction employés et comprendre tous les éléments pouvant influer sur cette composition. Le rôle du décorateur, de même, doit être limité, quelle que soit sa valeur, et soumis à la direction supérieure de l'architecte.

Croit-on que si les hommes qui ont conçu et fait exécuter les cathédrales des XIIIe et XIVe siècles, n'avaient pas approfondi eux-mêmes, départi toutes les ressources qu'il s'agissait de mettre en œuvre, ces édifices auraient pris naissance avec cette unité de structure, de disposition et de décoration qui en font la grandeur magistrale, la résistance et la beauté? Supposons qu'alors un personnage autorisé, mais étranger à l'œuvre, soit venu déclarer que l'architecte, auteur du projet, n'entendait rien aux principes d'équilibre et de stabilité, qu'il eût eu la prétention de déclarer trop faibles les points d'appui et mal placés les arcs-boutants, que serait-il arrivé? Le maître d'œuvre n'avait qu'à se retirer, céder la place au contrôleur-calculateur, car il ne pouvait faire subir à son œuvre que des modifications fatalement incohérentes et en contradiction avec sa pensée artistique. Les choses ne se passaient pas ainsi et le créateur véritable et complet qu'était un maître d'œuvre nous a donné un exemple admirable qui doit être suivi.

Soyons donc, à notre tour, capables de tout l'effort, dût-on nous donner le titre d'Ingénieur architecte, mais ne laissons pas prendre notre place, ce qui pourrait bien se produire un jour. On n'y gagnerait rien du reste, car de même qu'il importe aujourd'hui de former l'éducation de l'architecte, il faudrait procéder à l'éducation architectonique et architecturale de l'ingénieur, et les difficultés ne seraient pas moindres, tant s'en faut.

Revenons donc, non pas aux expressions du moyen âge qui ne peuvent aujourd'hui, à aucun prix, être appliquées, mais à la tradition française dans la méthode de composition et d'exécution où le raisonnement et le sentiment du vrai dirigent, avant tout et en tout, la pensée créatrice vers un emploi judicieux de la matière, révèlent les dispositions, les ordonnances et les formes, sans qu'il soit utile de recourir à une imitation trompeuse, ou à une fantaisie impuissante.

TABLEAU COMPARATIF DES PRINCIPAUX ÉDIFICES ÉTUDIÉS DANS L'OUVRAGE

TABLE DES GRAVURES

	Pages.
Figure 1. Plan d'un temple égyptien	14
— 2. Perspective d'une galerie de temple égyptien	15
— 3. Plan du temple d'Éléphantine	19
— 4. Perspective extérieure du temple d'Éléphantine	21
— 5. Plan du Parthénon	24
— 6. Coupe sur le Parthénon	25
— 7. Parthénon (face principale)	26
— 8. Le Parthénon (perspective extérieure)	27
— 9. Porte de Pérouse	31
— 10. Plan du Panthéon de Rome	32
— 11. Panthéon de Rome (coupe)	33
— 12. Intérieur du Panthéon de Rome	35
— 13. Arcs romains	36
— 14. Motif d'ordre romain imité du grec	37
— 15. Plan de Sainte-Sophie de Constantinople	41
— 16. Chapiteau à Sainte-Sophie de Constantinople	42
— 17. Sainte-Sophie (extérieur)	43
— 18. Sainte-Sophie (intérieur)	44
— 19. Plan de l'Église de Tafkha (Syrie Centrale)	46
— 20. Église de Tafkha (perspective intérieure)	47
— 21. Plan de l'Église de Qalb-Louzeh (Syrie Centrale)	48
— 22. Église de Qalb-Louzeh (perspective intérieure)	48
— 23. Plan de l'Église de Babouda (Syrie Centrale)	48
— 24. Église de Babouda (façade)	49
— 25. Plan de Saint-Front de Périgueux	52
— 26. Coupe de Saint-Front de Périgueux	53
— 27. Plan de Notre-Dame du Port à Clermont-Ferrand	56
— 28. Notre-Dame du Port à Clermont-Ferrand (coupes)	57
— 29. Église de Chauriat, (Puy-de-Dôme) (extérieur)	59
— 30 et 31. Clochers et flèches	60
— 32. Porte romane	62
— 33. Corniche romane	64
— 34. Corniche romane	65

TABLE DES GRAVURES

	Pages.
Figure 35. Arcatures romanes.	66
— 36. Notre-Dame de Paris (façade principale, commencement du XIII° siècle).	69
— 37. Église Notre-Dame de Dijon (plan).	73
— 38. Notre-Dame de Dijon (coupe).	74
— 39. Notre-Dame de Dijon.	75
— 40. Notre-Dame de Dijon.	76
— 41. Cathédrale de Beauvais (plan du chœur).	77
— 42. Cathédrale de Beauvais (coupe transversale).	79
— 43. Cathédrale de Beauvais (extérieur).	81
— 44. Coupe sur un contrefort au droit d'une gargouille.	85
— 45. Gargouille vue de l'extérieur.	86
— 46. Église de Rosporden (Finistère) (clocher).	87
— 47. Cathédrale de Chartres.	89
— 48. Transept de l'Église Saint-Maclou à Rouen.	90
— 49. Plafond.	92
— 50. Plan du château du Moulin (Loir-et-Cher).	93
— 51. Château du Moulin.	93
— 52. Sainte-Marie des Fleurs de Florence (extérieur).	96
— 53. Dôme de Sainte-Marie des Fleurs (plan).	97
— 54. Dôme de Sainte-Marie des Fleurs (coupe).	99
— 55. Église de la Ferté-Bernard (Sarthe) (vue perspective de la voûte).	101
— 56. Château de Blois (plan).	102
— 57. Château de Blois (vue d'ensemble sur la cour).	103
— 58. Point d'appui Louis XII au château de Blois.	104
— 59. Château de Blois (escalier de François Ier).	105
— 60. Château de Blois (encorbellement).	106
— 61. Château de Blois (corniche).	107
62. Château de Dampierre (Charente-Inférieure) (plan du rez-de-chaussée).	108
— 63. Château de Dampierre (élévation).	109
— 64. Château de Dampierre (Structure de la galerie).	111
— 65. Palais des Tuileries. Colonne de Philibert de l'Orme.	112
— 66. Fontaine à Tours.	113
— 67. Château de Maisons-sur-Seine (plan).	117
— 68. Château de Maisons-sur-Seine (élévation extérieure).	118
— 69. Dôme des Invalides (coupe).	119
— 70. Dôme des Invalides (vue extérieure).	121
— 71. Chapelle du château de Versailles (plan à deux étages).	122
— 72. Chapelle du château de Versailles (vue extérieure).	123
— 73. Chapelle du château de Versailles (coupe transversale).	124
— 74. Église Saint-Sulpice à Paris (plan et coupe transversale).	126
— 75. École militaire (plans de la partie centrale).	129
— 76. École militaire (vue extérieure).	130
— 77. Groupe scolaire de Grenelle.	148

TABLE DES GRAVURES

	Pages.
Figure 78. Groupe scolaire de Grenelle	150
— 79. Lycée Jules Ferry (plan du 1ᵉʳ étage)	151
— 80. Lycée Jules Ferry (plan du 2ᵈ étage)	151
— 81. Lycée Jules Ferry (coupe)	152
— 82. Lycée Jules Ferry (vue d'ensemble)	153
— 83. Bureau téléphonique, rue Bergère (plan)	154
— 84. Bureau téléphonique (coupe)	155
— 85. Bureau central téléphonique (vue extérieure)	156
— 86. Maison à Auteuil (élévation)	157
— 87. Maison à Auteuil (plan)	159
— 88. Maison rue Belliard (plan)	159
— 89. Maison rue Belliard (coupe)	160
— 90. Maison rue Belliard (façade)	161
— 91. Grand espace couvert éclairé par le haut (plan)	175
— 92. Intérieur indiquant la solution par tangence	177
— 93. Intérieur indiquant la solution par croisements	178
— 94. Coupe générale de la disposition présentée par la figure 92	180
— 95. Élévation extérieure de l'ensemble	181
— 96. Projet-esquisse de Présidence de la République (plan)	183
— 97. Projet-esquisse de Présidence de la République (coupe générale)	184
— 98. Projet-esquisse de Présidence de la République (vue perspective intérieure de la Salle des Fêtes)	185
— 99. Projet-esquisse de Présidence de la République (perspective extérieure d'ensemble)	186
TABLEAU COMPARATIF DES PRINCIPAUX ÉDIFICES ÉTUDIÉS DANS L'OUVRAGE	219

TABLE DES MATIÈRES

	Pages.
Avant-propos	v
Introduction	1

PREMIÈRE PARTIE
LE PASSÉ

I.	Considérations préliminaires.	11
II.	L'architecture en Égypte, en Chaldée et en Perse	14
III.	L'architecture grecque.	23
IV.	L'architecture romaine	30
V.	Les architectures byzantine et gréco-syriaque.	40
VI.	Moyen Age.	50
	Époque romane.	52
	Époque gothique.	71
VII.	Renaissance.	95
	En Italie.	95
	En France.	100
VIII.	L'architecture aux XVIIe et XVIIIe siècles.	115
IX.	Déductions et réflexions	132

DEUXIÈME PARTIE
L'ÉPOQUE CONTEMPORAINE

I.	Considérations générales.	137
II.	La profession d'architecte	189
III.	L'éducation et l'enseignement	195
Conclusion.		209
Table des gravures		219

ÉVREUX.*IMPRIMERIE CH. HÉRISSEY

www.ingramcontent.com/pod-product-compliance
Lightning Source LLC
Chambersburg PA
CBHW071935160426
43198CB00011B/1404